중급 한국어 2

발간사

2004년에 개교한 사이버한국외국어대학교는 한국에서 유일한 온라인 외국어교육 특성화 대학으로 2007년에 국내외 외국인에게 한국어를 교육할 수 있는 전문 한국어 교원 양성을 목적으로 한국어학부를 열었습니다. 한국어학부는 창과 이래 해외한국어교육 실습과 교수진의 해외 한국어 교원 대상 특강 등을 활발히 이어 왔으며, 그 과정에서 온라인을 통한 한국어 학습 요구가 높음을 확인하였습니다. 또한 국내 이주민 단체와 해외 협력 대학의 적극적인 요청에 힘입어 2018년 외국인 전용 전공인 '실용 한국어' 과정을 신설하였습니다. 한국어학부는 현재 외국어로서의 한국어 교육 전공과 한국어 전공 두 개의 전공을 운영하고 있으며, 2025년 현재 한국어 전공에는 15개국 200여 명의 외국인 학생들이 한국어를 학습하고 있습니다.

사이버한국외국어대학교 한국어학부의 한국어 학습 콘텐츠(VOD)는 한국어 전공 학생 이외에 사이버한국외국어대학교와 교류하고 있는 해외 대학 한국어 전공 학생들에게도 학점 교류 형태로 제공되고 있습니다. 한국어학부 교수진은 이 학생들의 한국어 학습을 적극적으로 지원하고자 VOD와 함께 사용할 수 있는 출판물 형태의 교재 개발을 기획하였고 한국어 전공 교육과정 중 초급1, 초급2, 중급1, 중급2, 고급1, 고급2의 교과목에서 다루는 내용을 바탕으로 이 교재를 개발하였습니다.

이 교재는 다음과 같은 특성을 가집니다.

첫째, 각 권이 16개 단원으로 구성되어 대학 기관에서 수업용 교재로 활용하기에 적합합니다. 대학부설 한국어교육기관과 달리 일반적으로 14주~16주로 구성된 학기 운영을 하는 대학 수업에 맞게 단계별로 16개 단원으로 교육 내용이 구성되었습니다.

둘째, 교재의 내용이 동영상 강의와 연계되어 있어 혼합학습(Blended Learning)과 거꾸로 학습(Flipped Learning)으로 교수학습 활동을 운영할 수 있습니다. 혼합학습은 학습 내용에 대한 이해를 충분히 하고 무한 반복 학습을 가능하게 하여 완전 학습을 이끌 수 있습니다. 또 거꾸로 학습은 학습 내용을 바탕으로 교실에서는 의사소통 중심에 초점을 맞춘 활동을 가능하게 할 수 있습니다.

셋째, 언어 학습의 전형적인 단계인 '이해'와 '사용'의 순서로 학습 내용이 배열되어 있어 교사의 수업 구성이 용이합니다. 어휘와 문법을 학습하고 문법의 규칙을 익히는 연습 활동, 그리고 학습한 것을 활용하여 수행하는 언어 활동의 순으로 학습 순서가 구성되어 있습니다.

넷째, 의사소통 능력과 언어 정확성을 모두 고려하여 형태와 의미에 초점을 둔 학습을 구성하였습니다. 의사소통 상황 속에서 자연스럽게 의미를 전달하는 능력을 기를 수 있도록 열린 과제 수행을 통해 학습 어휘와 문법을 통합적으로 이용할 수 있습니다.

다섯째, 풍부한 어휘 확장이 가능하도록 어휘 제시를 설계하였습니다. 주제 연관어뿐만 아니라 의미적 연관성에 따라 긴밀하게 연상 가능한 어휘들을 조직화하여 제시하고 연습에 이용할 수 있도록 함으로써 학습자들이 다양한 어휘들을 접하고 사용할 수 있습니다.

이 교재가 나오기까지 기획에서 집필, 그리고 교정 등의 모든 과정에서 함께 고민하고 수고를 아끼지 않으신 사이버한국외대의 교수진께 깊은 감사를 드립니다. 또한 어려운 출판 환경에서도 출판을 허락하여 주신 도서출판 하우의 박민우 대표님께 진심으로 감사를 드립니다. 보이지 않는 곳에서 삽화와 편집으로 애쓰신 하우의 관계자 여러분께도 감사의 마음 전합니다. 이 교재가 국내외에 흩어져 외롭게 한국어를 공부하고 있는 많은 학습자들에게 든든한 도우미가 되기를 바랍니다.

고맙습니다.

2025년 12월

저자 대표 진정란

일러두기

『중급 한국어』는 한국어 중급 학습자를 대상으로 다양한 상황에서 효과적으로 의사소통할 수 있는 능력을 기를 수 있도록 구성된 교재입니다. 일상생활뿐 아니라 사회적·문화적 주제를 바탕으로 중급 문법, 어휘, 대화 전략을 통합적으로 학습할 수 있도록 설계되었습니다.

교재 구성 및 활용 대상

이 교재는 총 16개 단원으로 구성되어 있으며, 일반적인 대학의 한 학기(15~16주) 수업 일정에 맞추어 개발되었습니다. 따라서 국내외 대학의 한국어 수업에서 주 교재 또는 보조 교재로 활용하기 적합합니다.

교재 구성의 특징

- 1과~7과, 9과~14과의 각 단원은 도입, 어휘·표현, 문법, 대화, 말하기,쓰기,읽기 등 다양한 활동, 발음 팁 등으로 이루어져 있습니다.
- 8과와 15과는 복습 단원으로 이전 단원에서 학습한 내용을 확인할 수 있는 연습 문제와 함께, 한국의 문화를 소개하는 읽기 자료가 포함되어 있습니다.
- 16과는 한국어능력시험(TOPIK)의 읽기 문제 형식을 응용한 단원으로, 수준별 읽기 능력을 점검하고 평가할 수 있도록 구성되어 있습니다.

온라인 연계 활용

이 교재는 강의자의 설명과 학습 연습이 포함된 온라인 콘텐츠와 함께 사용할 수 있도록 개발되었습니다. 따라서 온라인과 오프라인 수업을 병행하는 하이브리드형 교재로 활용할 수 있으며, 온라인 콘텐츠와 함께 사용할 경우 자가학습용 교재로도 적합합니다.

단원별 구성

도입

주제와 관련된 그림과 질문으로 단원의 내용을 미리 생각해 보고, 말하기 연습을 할 수 있습니다.

어휘 · 표현

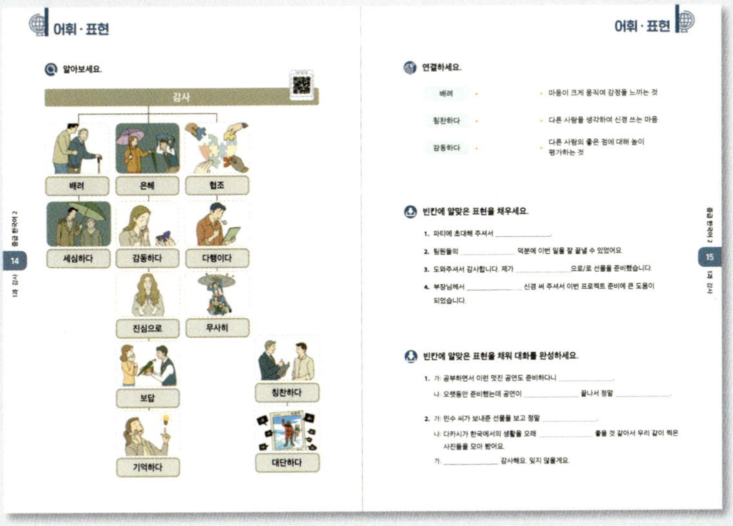

어휘·표현에서 주제와 관련된 핵심 어휘와 표현을 학습합니다. 어휘 연결하기, 문장 구성하기, 대화 완성하기 등, 다양한 연습으로 구성되어 있습니다.

문법

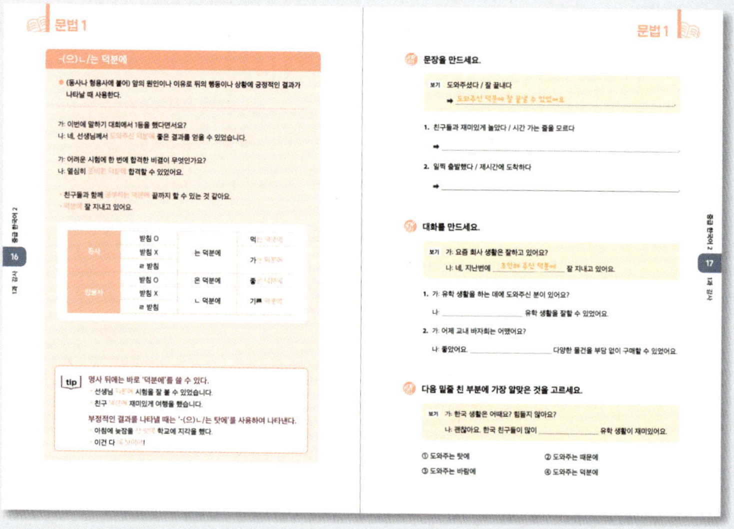

단원의 문법 항목 2가지가 제시되어 있으며 예문과 연습 문제를 통해 문법을 익힙니다. 문법의 tip을 통해 문법 사용에서 주의해야 할 점을 확인할 수 있습니다.

대화

중급 어휘와 문법이 사용된 실용적인 대화를 통해 맥락 속에서 표현을 이해합니다. 대화문과 함께 제공되는 음원을 들으며 대화를 연습할 수 있습니다. 대화를 들은 후 질문을 통해 내용을 다시 확인할 수 있습니다. 주어진 대화를 응용하여 다양한 상황에서의 대화를 만들며 확장된 연습을 할 수 있습니다.

활동, 발음 팁, 확인 점검

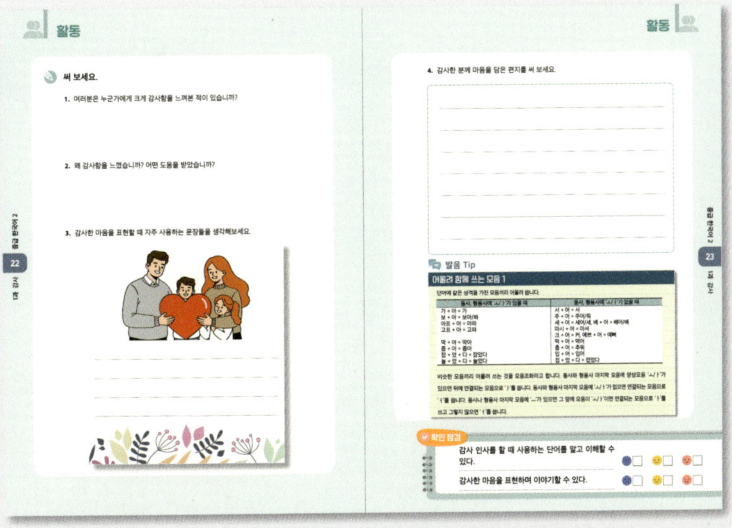

실제 상황에서 자신의 생각을 말하고 쓸 수 있도록 주제에 맞는 활동이 구성되어 있습니다. 이를 통해 실제적인 의사소통 능력을 향상할 수 있습니다.

발음 팁을 통해 발음 규칙을 학습하고 다양한 예시를 통해 발음을 연습할 수 있습니다.

마지막으로 확인 점검을 통해 학습한 내용을 정리하며 단원 목표 달성 여부를 스스로 점검할 수 있습니다.

교재 구성표

단원	단원명	학습목표	주제	어휘와 표현
1과	감사	감사의 인사를 정중하게 표현할 수 있다.	감사	감사 관련 어휘
2과	소문	다른 사람에게 들은 내용을 전달할 수 있다.	소문	소문 관련 어휘
3과	날씨	날씨의 변화를 묻고 답하며 대화할 수 있다.	날씨	날씨 관련 어휘
4과	여가 활동	자신이 즐기는 여가 활동을 소개하고 추천할 수 있다.	여가 활동	여가 활동 관련 어휘
5과	반려동물	반려동물의 특징을 묘사하고 양육 경험을 공유할 수 있다.	반려동물	반려동물 관련 어휘
6과	축제	참가했던 축제의 분위기와 경험을 구체적으로 말할 수 있다.	축제	축제 관련 어휘
7과	유학 생활	유학 생활 중 겪은 경험과 느낌을 말할 수 있다.	유학 생활	유학 생활 관련 어휘
8과	문화와 복습 1	한국의 주요 여행지와 축제 정보를 읽고 이해할 수 있다.	문화와 복습	1~7과 어휘와 표현 복습
9과	이사	이사에 필요한 정보를 묻고 답하며 대화할 수 있다.	이사	이사 관련 어휘
10과	문화생활	자신이 경험한 문화생활에 대한 감상을 표현할 수 있다.	문화생활	문화생활 관련 어휘
11과	문화 차이	문화 차이로 인한 오해나 갈등 상황을 제시하고 해결 방법을 제안할 수 있다.	문화 차이	문화 차이 관련 어휘
12과	아르바이트	자신의 아르바이트 경험에 대해 말할 수 있다.	아르바이트	아르바이트 관련 어휘
13과	졸업과 진로	졸업과 진로에 대한 자신의 계획을 말하고 의견을 표현할 수 있다.	졸업과 진로	졸업과 진로 관련 어휘
14과	새해 소망	자신의 새해 소망에 대해 말할 수 있다.	새해 소망	새해 소망 관련 어휘
15과	문화와 복습 2	한국의 동전과 지폐에 담긴 상징과 역사적 의미를 이해할 수 있다.	문화와 복습	9~14과 어휘와 표현 복습
16과	종합 연습		종합 연습	공인한국어시험 어휘와 표현 연습

문법		발음	활동
-(으)ㄴ/는 덕분에	-(으)ㄹ 뻔하다	모음조화 1	감사한 분께 마음을 담은 편지쓰기
간접화법 축약형 1	간접화법 축약형 2	모음조화 2	들은 소문 친구에게 전달하기
-거든요	-(으)ㄴ/는 걸 보니까	모음 축약	일기예보를 보고 주말 활동 계획 세우기
-던가요? / -던데요	-았/었으면 좋겠다	ㅡ 탈락	현대인들의 여가 생활에 대해 읽고 말하기
사동1	사동2	ㅏ, ㅓ 탈락	반려동물을 키울 때 주의해야 할 점 쓰기
-(으)ㄴ/는 줄 알다/모르다	-(으)ㄹ 수밖에 없다	ㄹ 탈락	축제 기획자가 되어 만들고 싶은 축제에 대해 말하기
-대서	-다니까	ㅎ 불규칙	유학 생활에 대해 조언하는 글쓰기
1~7과 문법 복습			유명한 여행지 또는 축제에 대해 말하기
-았/었다가	-다(가) 보다	구개음화 1	이사 준비 체크리스트를 읽고 이사 경험에 대해 말하기
-(으)ㄹ까 봐	-(으)ㄹ래야 -(으)ㄹ 수가 없다	구개음화 2	현대인의 문화생활에 대해 읽고 말하기
-(으)ㄴ/는 모양이다	-(으)ㄹ수록	'밭이랑' 발음	문화 차이로 인해 생길 수 있는 갈등을 해결하기 위한 노력에 대해 쓰기
-던	-(으)려던 참이다	호격 조사 발음	아르바이트 경험에 대해 쓰기
-아/어 버리다	-(으)ㄹ지 고민이다	표현적 장음	진로를 결정할 때 고려해야 하는 것에 대해 쓰기
-(으)ㄹ 텐데	-는 바람에	부정 의문문	새해에 이루고 싶은 소망에 대해 쓰기
9~14과 문법 복습			화폐에 있는 인물이나 그림에 대해 말하기
공인한국어시험 문법 연습			

차례

1 감사

학습 목표	감사의 인사를 정중하게 표현할 수 있다.
주제	감사
어휘와 표현	감사 관련 어휘
문법	-(으)ㄴ/는 덕분에, -(으)ㄹ 뻔하다

고마운 기분이 들 때 어떻게 말합니까?

다른 사람에게 감사한 마음을 가져본 경험에 대해 말해 봅시다.

어휘 · 표현

알아보세요.

감사

배려

세심하다

은혜

감동하다

진심으로

보답

기억하다

협조

다행이다

무사히

칭찬하다

대단하다

연결하세요.

배려 •	• 마음이 크게 움직여 감정을 느끼는 것
칭찬하다 •	• 다른 사람을 생각하여 신경 쓰는 마음
감동하다 •	• 다른 사람의 좋은 점에 대해 높이 평가하는 것

빈칸에 알맞은 표현을 채우세요.

1. 파티에 초대해 주셔서 ________________.

2. 팀원들의 ________________ 덕분에 이번 일을 잘 끝낼 수 있었어요.

3. 도와주셔서 감사합니다. 제가 ________________으로/로 선물을 준비했습니다.

4. 부장님께서 ________________ 신경 써 주셔서 이번 프로젝트 준비에 큰 도움이 되었습니다.

빈칸에 알맞은 표현을 채워 대화를 완성하세요.

1. 가: 공부하면서 이런 멋진 공연도 준비하다니 ________________.

나: 오랫동안 준비했는데 공연이 ________________ 끝나서 정말 ________________.

2. 가: 민수 씨가 보내준 선물을 보고 정말 ________________.

나: 다카시가 한국에서의 생활을 오래 ________________ 좋을 것 같아서 우리 같이 찍은 사진들을 모아 봤어요.

가: ________________ 감사해요. 잊지 않을게요.

문법 1

-(으)ㄴ/는 덕분에

● (동사나 형용사에 붙어) 앞의 원인이나 이유로 뒤의 행동이나 상황에 긍정적인 결과가 나타날 때 사용한다.

가: 이번에 말하기 대회에서 1등을 했다면서요?
나: 네, 선생님께서 도와주신 덕분에 좋은 결과를 얻을 수 있었습니다.

가: 어려운 시험에 한 번에 합격한 비결이 무엇인가요?
나: 열심히 준비한 덕분에 합격할 수 있었어요.

- 친구들과 함께 공부하는 덕분에 끝까지 할 수 있는 것 같아요.
- 덕분에 잘 지내고 있어요.

동사	받침 O	는 덕분에	먹는 덕분에
	받침 X		가는 덕분에
	ㄹ 받침		
형용사	받침 O	은 덕분에	좋은 덕분에
	받침 X	ㄴ 덕분에	기쁜 덕분에
	ㄹ 받침		

tip

명사 뒤에는 바로 '덕분에'를 쓸 수 있다.
- 선생님 덕분에 시험을 잘 볼 수 있었습니다.
- 친구 덕분에 재미있게 여행을 했습니다.

부정적인 결과를 나타낼 때는 '-(으)ㄴ/는 탓에'를 사용하여 나타낸다.
- 아침에 늦잠을 잔 탓에 학교에 지각을 했다.
- 이건 다 네 탓이야!

문장을 만드세요.

보기 도와주셨다 / 잘 끝내다

➡ 도와주신 덕분에 잘 끝낼 수 있었어요.

1. 친구들과 재미있게 놀았다 / 시간 가는 줄을 모르다

➡ ______________________________.

2. 일찍 출발했다 / 제시간에 도착하다

➡ ______________________________.

대화를 만드세요.

보기 가: 요즘 회사 생활은 잘하고 있어요?

나: 네, 지난번에 조언해 주신 덕분에 잘 지내고 있어요.

1. 가: 유학 생활을 하는 데에 도와주신 분이 있어요?

나: ______________ 유학 생활을 잘할 수 있었어요.

2. 가: 어제 교내 바자회는 어땠어요?

나: 좋았어요. ______________ 다양한 물건을 부담 없이 구매할 수 있었어요.

다음 밑줄 친 부분에 가장 알맞은 것을 고르세요.

보기 가: 한국 생활은 어때요? 힘들지 않아요?

나: 괜찮아요. 한국 친구들이 많이 ______________ 유학 생활이 재미있어요.

① 도와주는 탓에　② 도와주는 때문에

③ 도와주는 바람에　④ 도와주는 덕분에

문법 2

-(으)ㄹ 뻔하다

- (동사에 붙어) 어떤 상황이 실제로 일어나지는 않았지만 그럴 가능성이 매우 높았음을 나타낸다.

가: 오늘 아침에 늦잠을 자서 학교에 늦을 뻔했어요.
나: 10초만 늦었어도 정말 지각할 뻔했어요.

가: 핸드폰을 보면서 걷다가 교통사고가 날 뻔했어요.
나: 저런! 길을 걸을 때는 핸드폰을 보면 안 돼요.

- 오늘 지하철에서 가방을 놓고 내릴 뻔했어요.
- 시험 시간을 착각해서 시험을 못 볼 뻔했어요.

받침 O	-을 뻔하다	먹을 뻔하다
받침 X	-ㄹ 뻔하다	다칠 뻔하다
ㄹ 받침		

tip '하마터면' 등과 함께 쓰여 의미를 강조할 수 있다.
- 하마터면 교통사고가 날 뻔했어요.
- 하마터면 그 이야기를 해 버릴 뻔했어요.

문장을 만드세요.

보기 큰일이 나다

➡ 큰일이 날 뻔했어요.

1. 시계를 잘못 봐서 비행기를 놓치다

➡ ____________________.

2. 영화가 너무 감동적이어서 울다

➡ ____________________.

대화를 만드세요.

보기 가: 그거 중요한 문서니까 삭제하면 안 돼요.

나: 아, 그래요? 안 알려 주셨으면 지울 뻔했어요.

1. 가: 조심하세요! 빨간 불이에요.

나: 어휴, 고마워요. 하마터면 ____________________.

2. 가: 다카시 씨, 내일 시험 10시부터인 거 알죠?

나: 11시 아니었어요? 링링 씨 아니었으면 ____________________.

다음 밑줄 친 부분에 가장 알맞은 것을 고르세요.

보기 가: 가스 불을 켜 놓고 온 것이 생각나서 다시 집에 갔다 왔어요.

나: 저런, ____________________.

① 큰일이 났네요 ② 큰일 날 뻔했네요

③ 큰일이 난 탓이네요 ④ 큰일이 날까 봐 걱정이에요

대화

대화를 잘 들으세요.

이서준 엘레나 씨, 이번 토픽 시험에서 드디어 5급을 받았다면서요? 축하해요.

엘레나 고마워요. 선생님과 함께 공부한 덕분에 좋은 결과가 나온 것 같아요.

이서준 이번에 시험 준비하면서 힘든 점은 없었어요?

엘레나 사실 마지막 주에 감기에 심하게 걸려서 공부를 많이 못 했어요.

이서준 아, 그랬어요? 많이 힘들었겠어요.

엘레나 네, 열이 심하게 나서 시험장에도 못 갈 뻔했거든요.

이서준 감기가 정말 심했나 봐요. 그래도 좋은 결과를 받아서 다행이에요.

엘레나 선생님께서 쓰기 숙제를 세심하게 봐주신 덕분이지요. 진심으로 감사하게 생각하고 있어요.

이서준 엘레나 씨가 노력한 결과지요. 저도 기쁘네요.

엘레나 다음 시험 때는 건강 관리도 잘해서 더 좋은 결과를 받을 거예요.

이서준 좋아요. 저도 더 열심히 도울게요.

엘레나 감사합니다.

질문에 대답하세요.

1. 엘레나 씨가 시험을 보기 전에 어떤 문제가 있었습니까?

2. 엘레나 씨가 5급에 합격한 비결은 무엇입니까?

여러분은 최근에 누구에게 감사함을 느꼈습니까?

대화를 만드세요.

상황 1 친구가 병문안을 와 줘서 고마워하는 상황의 대화

상황 2 회사 동료가 자신의 일을 도와줘서 고마워하는 상황의 대화

활동

써 보세요.

1. 여러분은 누군가에게 크게 감사함을 느껴본 적이 있습니까?

2. 왜 감사함을 느꼈습니까? 어떤 도움을 받았습니까?

3. 감사한 마음을 표현할 때 자주 사용하는 문장들을 생각해보세요.

4. 감사한 분께 마음을 담은 편지를 써 보세요.

발음 Tip

어울려 함께 쓰는 모음 1

단어에 같은 성격을 가진 모음끼리 어울려 씁니다.

동사, 형용사에 'ㅗ/ㅏ'가 있을 때	동사, 형용사에 'ㅗ/ㅏ'가 없을 때
가 + 아 = 가 보 + 아 = 보아/봐 아프 + 아 = 아파 고프 + 아 = 고파 막 + 아 = 막아 좁 + 아 = 좁아 잡 + 았 + 다 = 잡았다 놀 + 았 + 다 = 놀았다	서 + 어 = 서 주 + 어 = 주어/줘 세 + 어 = 세어/세, 배 + 어 = 배어/배 마시 + 어 = 마셔 크 + 어 = 커, 예쁘 + 어 = 예뻐 먹 + 어 = 먹어 춥 + 어 = 추워 입 + 어 = 입어 접 + 었 + 다 = 접었다

비슷한 모음끼리 어울려 쓰는 것을 모음조화라고 합니다. 동사와 형용사 마지막 모음에 양성모음 'ㅗ/ㅏ'가 있으면 뒤에 연결되는 모음으로 'ㅏ'를 씁니다. 동사와 형용사 마지막 모음에 'ㅗ/ㅏ'가 없으면 연결되는 모음으로 'ㅓ'를 씁니다. 동사나 형용사 마지막 모음에 'ㅡ'가 있으면 그 앞에 모음이 'ㅗ/ㅏ'이면 연결되는 모음으로 'ㅏ'를 쓰고 그렇지 않으면 'ㅓ'를 씁니다.

확인 점검

감사 인사를 할 때 사용하는 단어를 알고 이해할 수 있다.	☐	☐	☐
감사한 마음을 표현하며 이야기할 수 있다.	☐	☐	☐

2 소문

학습 목표	다른 사람에게 들은 내용을 전달할 수 있다.
주제	소문
어휘와 표현	소문 관련 어휘
문법	간접화법 축약형 1, 2

들은 이야기에 대해 다른 사람에게 전할 때 어떻게 말합니까?

소문에 대해 들어본 경험에 대해 말해 봅시다.

어휘 · 표현

알아보세요.

소문

전하다

퍼지다

입소문

입이 가볍다

귀가 얇다

헛소문

허위 정보

유언비어

과장하다

억울하다

해명하다

진실

- **발 없는 말이 천리 간다:** 말이란 순식간에 멀리까지 퍼져 나가므로, 말을 조심해야 한다는 뜻의 속담

연결하세요.

억울하다 •	• 오해나 의심을 풀기 위해 사실이나 이유를 설명하는 것
해명하다 •	• 남의 말을 쉽게 믿고 영향을 받는 성격
귀가 얇다 •	• 자신의 잘못이 아닌데 오해를 받아서 마음이 답답하고 속상한 상태

빈칸에 알맞은 표현을 채우세요.

1. 왜 그런 소문이 ____________________?

2. 저에 대한 이상한 소문이 나서 정말 ____________________.

3. ____________________ 사람들에게 비밀을 말하면 안 돼요.

4. 사실이 아니라면 빨리 사람들에게 ____________________.

빈칸에 알맞은 표현을 채워 대화를 완성하세요.

1. 가: 민수 씨가 결혼한다는 소식 들었어요?

나: 네, 저도 들었어요. 그런데 그게 ____________________이라고/라고 하더라고요.

2. 가: 같은 반 친구하고 크게 싸웠어요?

나: 소문이 좀 ____________________. 크게 싸운 건 아니고 조금 문제가 있었어요.

문법 1

-대요/냬요

● 다른 사람에게서 들은 내용을 옮겨 말할 때 사용하는 '-다고/냐고 하다'의 준말이다.

가: 다카시 씨한테 무슨 일이 있대요?
나: 네, 회사에 오는 길에 교통사고를 당했대요.

가: 저보고 나이가 어떻게 되냬요.
나: 그래요? 젊어 보인대요?

- 민수 씨가 자기는 부산 사람이래요.
- 시험 보는 날이 언제냬요.

평서문	-대요	먹는대요
의문문	-냬요	먹냬요

tip 과거와 함께 쓸 때는 '-았/었대요', '-았/었냬요'의 형태로 사용한다.

- 많이 먹었대요.
- 어제 하루 종일 잤대요.
- 어제 5시간 공부했대요.

미래와 함께 쓸 때는 '-(으)ㄹ 거래요/거냬요'의 형태로 사용한다.

- 많이 먹을 거래요.
- 내일 하루 종일 잘 거래요.
- 주말에 공부할 거래요.

문장을 만드세요.

보기 엘레나: "선물을 주고 싶어요."

➡ 엘레나 씨가 선물을 주고 싶대요 ____________.

1. 다카시: "제주도는 뭐가 유명해요?"

➡ ____________________.

2. 민수: "다음 휴가 때는 고향에 갈 거예요."

➡ ____________________.

대화를 만드세요.

보기 가: 링링 씨가 자리에 안 계시네요?

나: 네, 오늘 휴가라서 집에서 쉰대요 ____________.

1. 가: 학교 앞에 새로 생긴 카페에 가 봤어요?

   나: 아니요, 제 친구가 가 봤는데 ____________.

2. 가: 왜 이렇게 기분이 좋아 보여요?

   나: 지난번에 면접 본 회사에서 연락이 왔는데 ____________.

다음 밑줄 친 부분에 가장 알맞은 것을 고르세요.

보기 가: 우리 학교 앞에서 만나기로 한 것 맞지요?

나: 아니에요. 민수 씨가 약속 장소는 학교 앞이 ____________.

① 아니지요 ② 아니래요

③ 아니냬요 ④ 아닐 거예요

문법 2

-래요 / 재요

● 다른 사람에게서 들은 내용을 옮겨 말할 때 사용하는 '-라고/자고 하다'의 준말이다.

가: 다카시 씨, 선생님께서 빨리 오래요.
나: 네, 지금 가요.

가: 민수 씨, 오늘 링링 씨가 다 같이 한 잔 하재요.
나: 그래요? 몇 시에 모이재요?

- 냔냔 씨가 보고 싶다고 전해 달래요.
- 저, 너무 슬퍼요. 남자 친구가 이제 연락하지 말재요.

명령문	-(으)래요	먹으래요
청유문	-재요	먹재요

tip 전달하고자 하는 이야기를 한 사람에 대한 요청일 때는 '-어/아 달래요'를 사용하고, 전달하고자 하는 이야기를 한 사람이 다른 사람을 위해 요청한 경우에는 '-어/아 주래요'를 사용한다.

링링 : 저를 좀 도와주세요.
→ 링링 씨가 자기를 좀 도와달래요.

링링 : 다카시 씨를 좀 도와주세요.
→ 링링 씨가 다카시 씨를 좀 도와주래요.

문장을 만드세요.

보기 다카시: "제 고향에 놀러 오세요."

➡ 다카시 씨가 자기 고향에 놀러 오래요.

1. 링링: "저한테 한국어 문법을 좀 가르쳐 주세요."

➡ ______________________.

2. 민수: "시험이 끝나면 다 같이 놀러 가는 게 어때요?"

➡ ______________________.

대화를 만드세요.

보기 가: 이게 무슨 책이에요?

나: 윤서 선생님이 링링 씨에게 이 책을 전해 주래요.

1. 가: 여보세요? 무슨 일로 전화했어요?

나: 엘레나 씨가 이따가 점심에 다 같이 ______________________.

2. 가: 링링한테 지금 전화해 볼까?

나: 아니야. 링링이 밤 10시 이후에는 ______________________.

다음 밑줄 친 부분에 가장 알맞은 것을 고르세요.

보기 가: 뭘 쓰고 있어요?

나: 링링 씨가 자리에 없다고 메모를 남겨 ______________________.

① 놓내요 ② 놓으세요

③ 놓아 달래요 ④ 놓을지도 몰라요

대화

대화를 잘 들으세요.

엘레나 선생님, 이서준 선생님께서 다른 학교로 이직하신대요.

김윤서 네, 그 소문 저도 들었어요. 그런데 그거 헛소문이래요.

엘레나 정말요? 그럼 누가 그런 소문을 퍼뜨린 걸까요?

김윤서 모르겠어요. 학생들 사이에서 워낙 유언비어가 많으니까 진실을 구별하기가 어려워요.

엘레나 맞아요. 특히 선생님과 관련된 일이라면 소문이 더 빨리 전해지는 것 같아요.

김윤서 그렇죠. 또 귀가 얇은 친구들은 헛소문이라도 쉽게 믿더라고요.

엘레나 네, 그래서 헛소문인지 아닌지 선생님께 여쭤보고 싶었어요.

김윤서 수업 후에 제가 이서준 선생님께 직접 물어볼게요. 사실이 아니라면 이 선생님도 억울할 거예요.

엘레나 네, 다들 너무 궁금해하고 있으니 꼭 알려 주세요.

김윤서 알겠어요. 궁금하면 엘레나 씨도 저랑 같이 가요.

엘레나 네, 좋아요.

질문에 대답하세요.

1. 엘레나 씨는 어떤 소문을 들었습니까?

2. 두 사람은 소문에 대해 어떻게 확인하려고 합니까?

헛소문이 퍼져서 고생한 경험이 있습니까?

대화를 만드세요.

상황 1 다른 친구의 취직에 대한 소문을 들은 상황의 대화

상황 2 좋아하는 연예인에 대한 소문을 들은 상황의 대화

활동

이야기해 보세요.

1. 최근에 들은 재미있는 소문이 있습니까?

2. 그 소문을 어디에서 들었습니까? 소문에 대해 어떻게 생각합니까?

3. 그 소문과 관련된 뉴스나 근거를 찾아보고 내용을 정리해 보세요.

4. 간접화법 축약형을 사용하여 들은 소문에 대해 친구에게 전달해 보세요.

발음 Tip

어울려 함께 쓰는 모음 2

한국어에서 모음에 따라 모양, 소리, 색깔을 나타내는 단어들의 느낌이 다릅니다.

양성모음 : ㅏ, ㅗ, ㅘ	음성모음 : 다른 모음

노랗다, 파랗다, 빨갛다, 하얗다 색이 알록달록하다 콩콩 뛴다, 졸졸 흐른다 길이 꼬불꼬불하다	누렇다, 퍼렇다, 뻘겋다, 허옇다 색이 얼룩덜룩하다 쿵쿵 뛴다, 줄줄 흐른다 길이 꾸불꾸불하다

비슷한 모음끼리 어울려 쓰는 것을 모음조화라고 합니다. 모양, 소리, 색깔을 나타내는 단어들에서 'ㅏ, ㅗ, ㅘ'는 밝고 가볍고 작은 느낌을 줍니다. 'ㅏ, ㅗ, ㅘ'가 아닌 다른 모음들은 어둡고, 무겁고 큰 느낌을 줍니다. 여러분들이 봄에 옷을 살 때 '노란색'이 좋은지 '누런색'이 좋은지 생각해 봅시다.

확인 점검

- 소문을 듣고 전하는 상황에서 사용하는 단어를 알고 이해할 수 있다. ☐ ☐ ☐
- 다른 사람에게서 들은 내용에 대해 이야기할 수 있다. ☐ ☐ ☐

3 날씨

학습 목표	날씨의 변화를 묻고 답하며 대화할 수 있다.
주제	날씨
어휘와 표현	날씨 관련 어휘
문법	-거든요, -(으)ㄴ/는 걸 보니까

오늘의 날씨에 대해 말해 봅시다.

다양한 날씨에 대해 어떻게 표현합니까?

어휘 · 표현

알아보세요.

날씨
일기예보
기온이 오르다/내리다
RH 55%
습도
세다
약하다
태풍
천둥이 치다
번개가 치다
쏟아지다
무더위
장마철
잔뜩

연결하세요.

일기예보 •	• 몹시 더운 날씨
잔뜩 •	• 매우 많이, 아주 가득하게
무더위 •	• 날씨가 어떻게 될 것인지 정보를 알려 주는 것

빈칸에 알맞은 표현을 채우세요.

1. 오늘 오후부터 ________________ 더워질 거라고 해요.

2. 갑자기 비가 ________________ 옷이 다 젖었어요.

3. 이번 주말에 ________________이/가 온다고 해서 여행을 취소했어.

4. ________________이/가 되면 매일 비가 내려요.

빈칸에 알맞은 표현을 채워 대화를 완성하세요.

1. 링링: 요즘 ________________이라서/라서 비가 매일 오네요.

다카시: 네, 일주일 내내 비가 오니까 ________________도 높아서 기분이 안 좋아요.

링링: 저도요. 빨리 날씨가 맑아지면 좋겠네요.

2. 김윤서: 엘레나 씨, 오늘 날씨가 정말 좋네요.

엘레나: 네, 어제보다 기온도 ________________ 훨씬 시원한 것 같아요.

문법 1

-거든요

● (동사나 형용사, '이다, 아니다'에 붙어) 어떤 이유나 사실을 당연한 듯이 말하면서 문장을 끝맺을 때 사용한다. 주로 구어에서 사용하며, 듣는 사람은 잘 모를 것이라고 생각하는 내용에 대해 말할 때 사용한다.

가: 링링 씨는 커피 안 드세요?
나: 네, 저는 커피를 마시면 밤에 잠을 못 자거든요.

가: 엘레나 씨, 혹시 다리를 다쳤어요?
나: 아, 구두를 새로 샀거든요. 그래서 발이 좀 아파요.

- 왜 기분이 좋냐 하면 이번에 토픽 시험에 합격했거든요.
- 늦어서 죄송해요. 배가 좀 아팠거든요.

받침 O 받침 X	-거든요	먹거든요

tip

과거와 함께 쓸 때는 '-았/었거든요'의 형태로 사용한다.
- 어제 많이 먹었거든요.
- 어제 너무 바빴거든요.
- 어제 제가 전화했거든요.

명사 뒤에는 '-이거든요/거든요'가 붙는다.
- 제가 한국어 선생님이거든요.
- 저 분이 제 어머니거든요.

문장을 만드세요.

보기 우산을 챙기세요 / 이따가 비가 올 것 같다

➡ 우산을 챙기세요. 이따가 비가 올 것 같거든요.

1. 이것 좀 들어 주세요 / 너무 무겁다

➡ ______________________.

2. 퇴근길에 마트에 가야겠어요 / 내일 손님이 오다

➡ ______________________.

대화를 만드세요.

보기 가: 어디 갔다 와요?

가: 정 선생님께서 아까 저를 찾으셨거든요.

1. 가: 링링 씨, 왜 옷이 다 젖었어요?

나: 갑자기 비가 ______________________.

2. 가: 다카시 씨, 밥을 많이 남겼네요. 어디 아파요?

나: 아니요, 집에서 밥을 ______________________.

다음 밑줄 친 부분에 가장 알맞은 것을 고르세요.

보기 가: 윤서 씨, 아까 회의 시간에 왜 아무 말도 안 했어요?

나: 지난번 회의에 안 와서 무슨 내용인지 이해를 ______________________.

① 못했거든요 ② 못할 만 해요

③ 못할지도 몰라요 ④ 못할 걸 그랬어요

문법 2

-(으)ㄴ/는 걸 보니까

- (동사, 형용사에 붙어) 어떤 행동이나 상황을 본 후에 그것을 바탕으로 어떤 추측을 나타낼 때 사용한다.

가: 다카시 씨가 계속 웃는 걸 보니까 무슨 좋은 일이 있나 봐요.
나: 네, 이번에 한국어 능력 시험에서 높은 점수를 받았대요.

가: 밖이 어두운 걸 보니까 시간이 많이 됐나 봐요.
나: 네, 벌써 8시예요.

- 사람들이 많이 기다리는 걸 보니까 저 식당이 유명한가 봐요.
- 날씨가 많이 추운 걸 보니까 이제 진짜 겨울이 됐나 봐요.

동사		-는 걸 보니까	먹는 걸 보니까
형용사	받침 O	-은 걸 보니까	좋은 걸 보니까
	받침 X	-ㄴ 걸 보니까	아픈 걸 보니까
	ㄹ 받침		

tip **'-(으)ㄴ/는 걸 보니까'가 단순히 이유를 나타낼 수도 있다.**

- 하늘이 흐린 걸 보니까 슬퍼요 - 이유
- 하늘이 흐린 걸 보니까 비가 올 것 같아요 - 추측

문장을 만드세요.

보기 급하게 뛰어가다 / 바쁜 일이 있다

➡ 급하게 뛰어가는 걸 보니까 바쁜 일이 있는 것 같아요.

1. 웃다 / 좋은 일이 있다

➡ ______.

2. 많이 못 먹다 / 배가 아프다

➡ ______.

대화를 만드세요.

보기 가: 아기가 왜 저러는 걸까요?

가: 계속 우는 걸 보니까 배가 고픈 것 같아요.

1. 가: 엘레나 씨가 정말 열심히 공부하는 것 같아요.

   나: 저렇게 ______ 중요한 시험이 있는 것 같아요.

2. 가: 이 영화가 그렇게 인기가 있다면서요?

   나: 사람들이 이 영화를 많이 ______ 영화가 재미있는 것 같아요.

다음 밑줄 친 부분에 가장 알맞은 것을 고르세요.

보기 가: 백화점에 왜 이렇게 사람이 많아요?

나: ______ 오늘부터 세일을 시작하나 봐요.

① 사람이 많은 데다가 ② 아무리 사람이 많아도

③ 사람이 많은 걸 보니까 ④ 사람이 많을 리가 없는데

대화

대화를 잘 들으세요.

링링　오늘 날씨가 이상하네요.

정민수　맞아요. 구름이 잔뜩 낀 걸 보니까 곧 비가 쏟아질 것 같아요.

링링　그러게요. 일기예보에서도 오후부터 비가 많이 내릴 거라고 했어요.

정민수　장마철이라서 그런지 요즘 비가 자주 오네요.

링링　비가 오고 나면 기온이 좀 내려가겠죠?

정민수　아니에요. 내일부터 다시 무더위가 시작될 거래요.

링링　그래요?

정민수　네, 내일 낮에는 기온이 35도까지 오를 거래요. 링링 씨의 고향도 여름에 이렇게 더워요?

링링　네, 하지만 한국의 여름이 더 힘든 것 같아요. 제 고향의 여름도 더위가 심하지만 습도는 높지 않거든요.

정민수　그렇군요. 습도가 높으면 더 덥게 느껴지죠.

링링　네, 맞아요. 벌써 천둥이 치네요. 얼른 안으로 들어가요.

정민수　그래야겠어요.

질문에 대답하세요.

1. 지금 날씨가 어떻습니까?

2. 링링 씨 고향의 여름은 날씨가 어떻습니까?

오늘 날씨는 어떻습니까?

대화를 만드세요.

상황 1 태풍이 오기 직전 일기예보를 보는 상황의 대화

상황 2 아주 더운 날에 날씨에 대해 이야기하는 상황의 대화

활동

이야기해 보세요.

1. 여러분이 살고 있는 곳의 현재 날씨는 어떻습니까?

2. 다음 일기예보를 보고 오늘 날씨에 대해 말해 보세요.

3. 일기예보에 따르면 이번 주말의 날씨는 어떻습니까?

4. 이번 주말의 야외 활동 계획을 어떻게 짜는 것이 좋을지 이야기해 보세요.

발음 Tip

줄여서 쓰는 모음

한국어에서 모음과 모음이 만나면 줄여서 발음합니다.

줄인 발음만	둘 다 가능
오았다 → 왔다	이기었다 / 이겼다
배우었다 → 배웠다	피었다 / 폈다
싸우었다 → 싸웠다	두었다 / 뒀다
채우었다 → 채웠다	주었다 / 줬다

주의할 것!

'친구를 사귀었어요'에서 실제 한국인들은 친구를 [사궈요]와 같이 발음을 많이 합니다. 그래서 한글을 쓸 때 '*친구를 사궜어요'처럼 잘못 쓰는 경우가 많습니다. '사귀어'도 모음과 모음이 만나서 줄여서 [사궈]로 발음할 수 있지만 쓰기에서는 '사귀어'로 써야 합니다.

확인 점검

날씨에 대해 이야기하는 상황에서 사용하는 단어를 알고 이해할 수 있다.	☐	☐	☐
여러 가지 날씨 형태에 대해 이야기할 수 있다.	☐	☐	☐

4 여가 활동

학습 목표	자신이 즐기는 여가 활동을 소개하고 추천할 수 있다.
주제	여가 활동
어휘와 표현	여가 활동 관련 어휘
문법	-던가요? / -던데요, -았/었으면 좋겠다

여러분은 시간이 있을 때 무엇을 합니까?

다른 사람에게 추천하고 싶은 취미나 활동이 있습니까?

어휘 · 표현

알아보세요.

여가 활동

문화생활

체험하다

관심이 있다

전시회

야외

동호회에 가입하다

감상하다

즐기다

꾸준히

스트레스를 풀다

유익하다

활발하게

연결하세요.

유익하다 •	• 어떤 활동이나 정보가 도움이 되다.
체험하다 •	• 힘차고 적극적으로 행동하거나 움직이다.
활발하게 •	• 직접 몸으로 경험하다.

빈칸에 알맞은 표현을 채우세요.

1. 클래식 음악을 ____________________ 것을 좋아해요.

2. 저는 주말마다 다양한 ____________________을/를 즐기며 시간을 보내요.

3. 날씨가 좋을 때는 ____________________에서 산책을 해요.

4. 저는 요즘 사진 찍기에 ____________________.

빈칸에 알맞은 표현을 채워 대화를 완성하세요.

1. 김윤서: 엘레나 씨, 혹시 ____________________ 하고 있는 취미가 있어요?

엘레나: 네, 저는 요가를 3년 동안 매일 하고 있어요.

2. 다카시: 링링 씨는 주말에 보통 뭐 해요?

링링: 저는 산책을 하거나 캠핑을 자주 가요.

다카시: 집 안에 있는 것보다는 ____________________에서 노는 것을 좋아하는군요.

링링: 네, 밖에 나가면 ____________________ 좋은 것 같아요.

문법 1

-던가요? / -던데요

- (동사나 형용사, '이다, 아니다'에 붙어) 말하는 사람이 과거에 어떤 사실을 직접 경험하여 새롭게 알게 된 사실을 지금 상대방에게 말하면서 듣는 사람의 반응을 기대할 때 '-던데요'를 사용한다. 그리고 듣는 사람의 경험을 질문하고 싶으면 '-던가요?'를 사용한다. 주로 구어에서 사용한다.

가: 그 영화가 재미있대요.
나: 그래요? 지난주에 봤는데 저는 별로 재미없던데요.

가: BTS 콘서트는 어땠어요? BTS가 정말 멋있던가요?
나: 네, 진짜 춤도 잘 추고 노래도 잘하던데요.

- 정 선생님은 쌀국수를 좋아하시던데요.
- 지미 씨랑 노래방에 갔는데 노래 실력이 대단하던데요.

받침 O	-던데요	먹던데요
받침 X		가던데요

tip **주어가 2, 3인칭일 때 주로 사용한다. '-던데'는 말하는 사람이 새롭게 알게 된 사실을 나타내기 때문에 원칙적으로 1인칭 주어를 사용할 수 없다. 단, 주어가 1인칭이더라도 자신의 신체나 감정을 표현하는 등 자신을 객관화하여 다른 사람에게 알려 주거나 자기에 대한 추측을 말할 때는 사용할 수 있다.**

- 저는 주말에 친구를 만나던데요. (X)
- 나는 요즘 많이 바쁘던데요. (X)
- 오랫동안 차를 타니까 (제가) 아주 피곤하던데요. (O)

문장을 만드세요.

보기 축제 / 재미있다

➡ 축제가 재미있던가요 ?

1. 새로 나온 휴대폰 / 어떻다

➡ ________________?

2. 한국 음식 / 입에 맞다

➡ ________________?

대화를 만드세요.

보기 가: 수업이 어땠나요?

나: 학생들도 많고 수업 내용도 재미있던데요.

1. 가: 어제 콘서트에서 그 가수가 노래를 잘 부르던가요?

나: 네, 노래 실력이 정말 ________________.

2. 가: 동해 여행은 잘 다녀왔어요? 경치가 ________________?

나: 네, 산과 바다가 정말 ________________.

다음 밑줄 친 부분에 가장 알맞은 것을 고르세요.

보기 가: 이상하다. 내 시계가 안 보이네. 분명 여기에 둔 것 같은데…

나: 아까 보니까 화장실에 시계가 하나 ________________.

① 있네 ② 있던데

③ 있을걸 ④ 있기는

문법 2

-았/었으면 좋겠다

● (동사, 형용사에 붙어) 말하는 사람이 현재와 다른 상황을 가정하여 희망함을 나타낸다.

가: 내일 여행을 가는데, 비가 올 것 같네요.
나: 그러게요. 내일은 날씨가 맑았으면 좋겠어요.

가: 일이 많아서 요즘 주말에도 계속 출근하고 있어요.
나: 이번 주말에는 푹 쉬었으면 좋겠어요.

- 한국어를 더 잘했으면 좋겠어요.
- 감기가 빨리 나았으면 좋겠어요.

ㅏ, ㅗ	-았으면 좋겠다	맑았으면 좋겠다
ㅏ, ㅗ 이외	-었으면 좋겠다	쉬었으면 좋겠다
-하다	-했으면 좋겠다	잘했으면 좋겠다

tip

화자가 청자에게 비교적 완곡하게 요구할 때 사용하는 표현이다.
- 토요일 수업에 학생들이 많이 왔으면 좋겠어요.

명사에는 '이었으면/였으면 좋겠다'가 붙는다.
- 창가 자리였으면 좋겠습니다.

문장을 만드세요.

보기 다음에는 같이 가다

➡ 다음에는 같이 갔으면 좋겠어요.

1. 오랜만에 가는 가족 여행이다 / 즐겁게 놀다

➡ ______________________________.

2. 고향에 가다 / 엄마가 해주시는 음식을 실컷 먹다

➡ ______________________________.

대화를 만드세요.

보기 가: 졸업을 하면 무엇을 하고 싶으세요?

나: 졸업 후에 한국 회사에서 일을 했으면 좋겠어요.

1. 가: 링링 씨, 한국어 정말 잘하네요. 저도 링링 씨처럼 한국어를

______________________________.

나: 열심히 하고 있으니까 금방 잘하게 될 거예요.

2. 가: 다음 주 휴가가 정말 기대돼요.

나: 네, 휴가 때 날씨가 ______________________________.

다음 밑줄 친 부분에 가장 알맞은 것을 고르세요.

보기 가: 비가 안 와서 옥수수가 잘 안 자라는 것 같아요.
비가 좀 시원하게 ______________________________.

나: 맞아요. 올해 가뭄이 심한 것 같아요.

① 내릴지도 몰라요 ② 내릴 리가 없어요

③ 내렸으면 좋겠어요 ④ 내리도록 하겠어요

대화

대화를 잘 들으세요.

엘레나 링링 씨, 시간이 있을 때 보통 뭐 해요?

링링 저는 주로 전시회에 가거나 공연을 보러 가요.

엘레나 문화생활을 좋아하시나 봐요. 가장 최근에 본 전시회는 뭐였어요?

링링 한국의 도자기에 대한 전시였는데 정말 좋았어요.

엘레나 그래요? 도자기를 직접 보니까 어떻던가요?

링링 도자기의 색이 정말 예쁘던데요. 그리고 도자기에 대한 설명도 여러 언어로 번역이 되어 있어서 좋더라고요.

엘레나 그래요? 링링 씨 이야기를 들으니까 저도 관심이 생기네요.

링링 요즘 재미있는 전시들이 많으니까 엘레나 씨도 한번 꼭 가 봤으면 좋겠어요. 유익한 시간이 될 거예요.

엘레나 전시나 공연에 대한 정보는 어디에서 얻어요?

링링 저는 문화 체험 동호회에 가입했어요. 엘레나 씨도 혹시 관심이 있으면 제가 소개해 드릴게요.

엘레나 네, 저도 가입하고 싶어요. 고마워요.

질문에 대답하세요.

1. 링링 씨는 여가 시간에 보통 무엇을 합니까?

2. 링링 씨는 문화생활에 대한 정보를 어디에서 얻습니까?

여러분은 시간이 있을 때 보통 무엇을 합니까?

대화를 만드세요.

상황 1 친구와 주말 계획을 세우는 상황의 대화

상황 2 스트레스를 푸는 방법에 대해 이야기하는 상황의 대화

읽어 보세요.

현대인들의 여가 생활

현대 사회에서 여가 시간은 삶의 질을 결정하는 중요한 요소로 자리 잡고 있다. 그러나 통계청의 '국민 삶의 질 2023' 보고서에 따르면, 2022년 기준 국민들의 하루 평균 여가 시간은 4.2시간으로 전년 대비 0.2시간 감소한 것으로 나타났다. 여가 시간이 줄어드는 추세 속에서도 여가 생활에 대한 만족도는 오히려 증가하고 있어 흥미로운 대조를 보인다.

이러한 현상은 현대인들이 제한된 여가 시간을 보다 효율적으로 활용하고 있음을 의미한다. 디지털 기술의 발달로, 사람들은 OTT나 실시간 스트리밍 플랫폼을 통해 집에서도 손쉽게 여가를 즐길 수 있게 되었다. 또한, 여행 플랫폼과 소셜 미디어의 발달로 철저한 사전 계획을 세워 짧은 시간에도 만족스러운 경험을 추구하는 사람들이 늘어났다. 예를 들어, 주말을 활용한 짧은 여행이나 당일치기 활동은 바쁜 현대인들에게 인기가 높다.

뿐만 아니라, 건강에 대한 관심이 높아지면서 달리기, 자전거 타기, 캠핑 등 야외 활동도 현대인의 여가 생활에서 중요한 부분을 차지하고 있다. 자기 계발을 위한 외국어 학습이나 온라인 강의, 독서 등 생산적인 여가 활동 역시 여전히 높은 인기를 보이고 있다. 이러한 활동은 단순한 휴식을 넘어 개인의 성장과 삶의 질을 높이는 데 기여한다.

현대인의 여가 생활은 디지털 활동, 야외 활동, 자기 계발 등으로 다양화되고 있으며, 단순한 시간 소비를 넘어 삶의 질을 높이고 사회적 균형을 이루는 중요한 요소로 자리 잡고 있다. 바쁜 일상 속에서도 여가 시간의 가치를 인식하고 이를 알차게 활용하려는 노력이 필요하다.

1. 현대 사회에서 여가 시간은 왜 줄어들고 있습니까?

2. 현대인들이 즐기는 여가 활동은 어떤 것들이 있습니까?

3. 여러분이 생각하는 좋은 여가 활동에 대해 이야기해 보세요.

발음 Tip

없어지는 모음 1

한국어에서 모음과 모음이 만날 때 모음이 없어지는 경우가 있습니다.

'ㅡ' 탈락	크 + 어 → 커	쓰 + 어 → 써,
	아프 + 아 → 아파	예쁘 + 어 → 예뻐
	담그 + 아 → 담가	따르 + 아 → 따라

동사나 형용사의 마지막 모음이 'ㅡ'이고 뒤에 모음이 연결되면 'ㅡ'는 항상 탈락합니다. 하지만 명사의 경우에는 'ㅡ'가 탈락하지 않습니다. '그에게'에서는 그대로 'ㅡ'모음이 있습니다.

확인 점검

여가 활동에 대해 이야기하는 상황에서 사용하는 단어를 알고 이해할 수 있다.	☐	☐	☐
여러 가지 여가 활동에 대해 이야기할 수 있다.	☐	☐	☐

5 반려동물

학습 목표	반려동물의 특징을 묘사하고 양육 경험을 공유할 수 있다.
주제	반려동물
어휘와 표현	반려동물 관련 어휘
문법	사동

동물을 키워 본 경험이 있습니까?

어떤 동물을 키워 보고 싶습니까?

어휘 · 표현

알아보세요.

반려동물

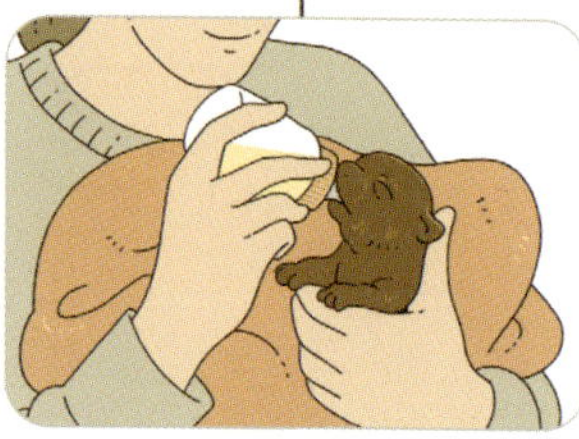
돌보다

동물병원

순하다

동물을 키우다

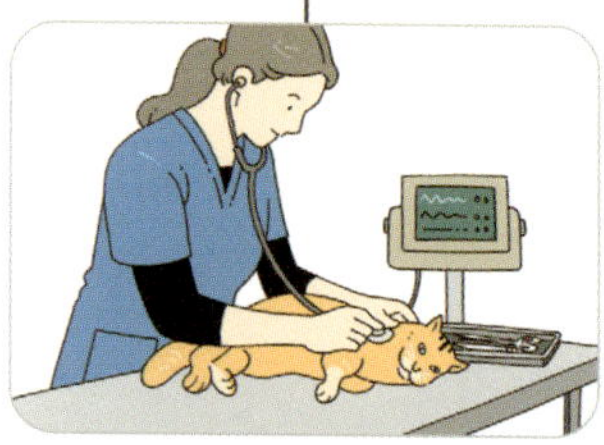
수의사

겁이 많다

먹이를 주다

털이 빠지다

영리하다

훈련

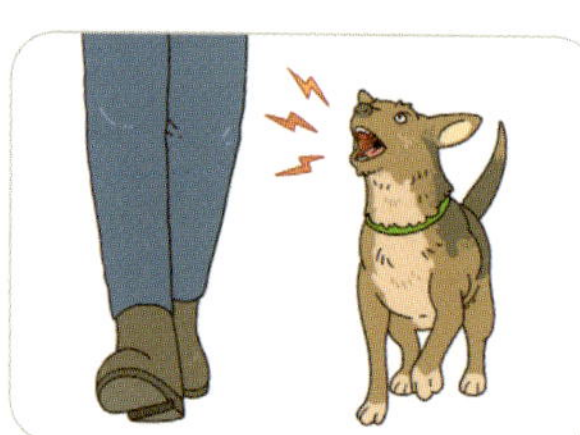
강아지가 짖다

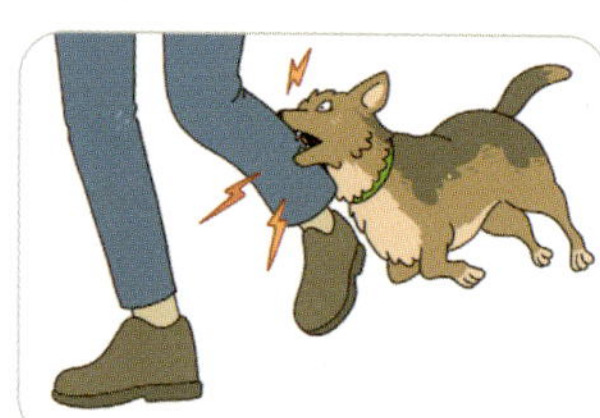
물다

연결하세요.

훈련 •		• 작은 것에도 쉽게 두려워하고 무서워하다.
순하다 •		• 성격이나 행동이 착하고 부드럽다.
겁이 많다 •		• 동물에게 특정한 행동을 가르치고 익숙해지게 하다.

빈칸에 알맞은 표현을 채우세요.

1. 저는 어릴 때 집에서 고양이를 ____________________.
2. 제가 외출할 때는 친구가 대신 강아지를 ____________________ 주기로 했어요.
3. 강아지가 아플 때는 ____________________에게 데려가서 진료를 받아요.
4. 누가 집 앞을 지나갈 때마다 강아지가 ____________________ 조금 시끄러워요.

빈칸에 알맞은 표현을 채워 대화를 완성하세요.

1. 다카시: 동물을 좋아해요?

   링링: 네, 저는 ____________________로/으로 고양이를 ____________________ 있어요.

2. 허지미: 선생님, 요즘 저희 강아지가 좀 이상해요. 어디가 아픈 것 같아요.

   정민수: ____________________은/는 잘 주고 있어요?

   허지미: 네, 잘 먹고 잘 자는데 힘이 없어 보여요.

   정민수: ____________________에 한번 가보세요.

문법 1

사동1

● (동사나 형용사에 사동 접사 '-이-', '-히-', '-리-', '-기-', '-우-', '-구-', '-추-'가 붙어) 다른 사람에게 어떤 행위를 시키거나 허락할 때, 또는 어떤 사물이 어떤 작동을 하도록 만들 때 사용한다. '-게 하다'를 이용하여 표현하기도 한다.

가: 하루에 세 번 식사 후에 약을 먹이세요.
나: 네, 선생님. 그렇게 하겠습니다.

가: 이번에 이사한다면서요?
나: 네, 집을 넓혀서 가기로 했어요.

- 지난번 휴가 때 사진이에요? 저도 좀 보여 주세요.
- 우리에게 알려 준 사실이 정말이에요?

사동 접사		
	-이-	보이다, 끓이다, 붙이다, 녹이다, 먹이다, 죽이다, 높이다
	-히-	읽히다, 맞히다, 앉히다, 입히다, 눕히다, 넓히다, 좁히다
	-리-	알리다, 날리다, 살리다, 늘리다, 돌리다, 울리다, 말리다

tip **'(명사)이/가 + 동사'를 사동으로 바꿀 때는 '(명사)을/를 + 사동사'로 쓸 수 있다.**

- 물이 끓다 → 물을 끓이다
- 아이가 울다 → 제가 아이를 울렸어요

'(사람)이/가 + (명사)을/를 + 동사'를 사동으로 바꿀 때는 '(사람)에게 + (명사)을/를 + 사동사'로 쓸 수 있다.

- 아이가 약을 먹다 → 엄마가 아이에게 약을 먹이다

'-게 하다'나 '-시키다'로 사동을 표현하는 경우도 있다.

- 링링 씨가 저를 여기로 오게 했어요.
- 빨리 실력을 향상시켜야 해요.

문장을 만드세요.

보기 국, 끓다 / 요리사

➡ 요리사가 국을 끓여요.

1. 환자, 살다 / 의사

➡ ______________________________.

2. 아기, 침대, 눕다 / 어머니

➡ ______________________________.

대화를 만드세요.

보기 가: 수업이 어땠나요?

나: 학생들도 많고 수업 내용도 재미있던데요.

1. 가: 강아지 사진이네요? 링링 씨 집에 있는 강아지예요?

   나: 네, 제가 강아지에게 과일을 ______________________ 사진이에요.

2. 가: 홍보팀에서 받은 서류 어디에 두었어요?

   나: 네, 받아서 여기 책상 위에 ______________________ 놓았어요.

다음 밑줄 친 부분에 가장 알맞은 것을 고르세요.

보기 가: 어머니, 제가 뭐 도와드릴까요?

나: 응, 곧 나갈 거니까 동생 옷 좀 ______________________.

① 입어라　② 입을 걸

③ 입혀 줘　④ 입지 그래

사동2

- 동사나 형용사에 사동 접사 '-이-', '-히-', '-리-', '-기-', '-우-', '-구-', '-추-'가 붙어) 다른 사람에게 어떤 행위를 시키거나 허락할 때, 또는 어떤 사물이 어떤 작동을 하도록 만들 때 사용한다. '-게 하다'를 이용하여 표현하기도 한다.

가: 다카시 씨는 정말 재미있는 사람인 것 같아요.
나: 네, 항상 친구들을 웃겨 주는 재주를 가지고 있지요.

가: 주차는 잘했어요?
나: 네, 주차장에 빈자리가 많아서 잘 세웠어요.

- 우리 약속 시간을 조금 늦출 수 있을까요?
- 요리를 하기 전에 프라이팬을 먼저 달궈야 합니다.

사동 접사		
	-기-	맡기다, 벗기다, 웃기다, 씻기다, 신기다, 감기다, 남기다, 숨기다
	-우-	재우다, 채우다, 태우다, 세우다, 띄우다, 씌우다, 비우다, 깨우다
	-추-	늦추다, 낮추다, 맞추다
	-구-	달구다, 솟구다

문장을 만드세요.

보기 손님, 머리, 감다 / 미용사

➡ 미용사가 손님의 머리를 감겨요.

1. 휴지통, 비다 / 저

➡ ______________________________.

2. 아기, 손, 씻다 / 아빠

➡ ______________________________.

대화를 만드세요.

보기 가: 시험 잘 봤어요?

나: 네, 우리 같이 답을 맞춰 봐요.

1. 가: 여보세요? 길이 막혀서 회의 시간에 늦을 것 같아요.

나: 다들 늦게 오시니 회의 시간을 ______________________________.

2. 가: 아기가 혼자 잠들었네요?

나: 아니에요. 할머니께서 아이를 ______________________________.

다음 밑줄 친 부분에 가장 알맞은 것을 고르세요.

보기 가: 링링 씨는 왜 매일 야근을 해요?

나: 일이 너무 많아요. 과장님이 저한테만 일을 다 ______________________________.

① 맡아요　　② 맡겨요

③ 맡는다면서요　　④ 맡을 걸 그랬어요

대화

대화를 잘 들으세요.

엘레나 이모, 잘 지내셨어요? 오랜만이에요. 처음 보는 강아지가 생겼네요?

최하영 그래, 한 달 전부터 키우기 시작했어. 그런데 쉽지가 않네.

엘레나 그래요? 순하게 생겼는데 어떤 점이 힘드세요?

최하영 얘가 식당에 오는 손님들한테 자꾸 짖어. 소리가 너무 커서 어린 손님들을 울린 적도 많아.

엘레나 겁이 많아서 그래요. 식당 말고 사람이 적은 곳에 있으면 좋을 것 같아요.

최하영 그렇구나. 좀 더 크면 괜찮아질까?

엘레나 네, 조용한 곳에서 지내면서 훈련을 잘 시키면 금방 좋아질 거예요.

최하영 그랬으면 좋겠구나. 그런데 우리 집에는 돌봐 줄 사람이 없어서 걱정이야.

엘레나 그럼 저한테 맡기세요. 제가 수업 후에는 같이 있을 수 있어요.

최하영 그래도 될까?

엘레나 그럼요. 제가 산책도 시키고 집에 데려가서 씻기고 밥도 먹일게요.

최하영 그렇게 해주면 정말 고맙지. 힘들면 언제든지 이야기해 줘.

질문에 대답하세요.

1. 최하영 씨의 강아지는 어떤 문제가 있습니까?

2. 엘레나 씨는 최하영 씨를 어떻게 도와주기로 했습니까?

반려동물을 키워 본 적이 있습니까?

대화를 만드세요.

상황 1 새로운 반려동물을 키우기로 결정한 친구와의 대화

상황 2 강아지 훈련에 어려움을 겪는 친구와의 대화

활동

써 보세요.

1. 키우고 있는 반려동물이나 키우고 싶은 반려동물에 대해 생각해 봅시다.

2. 그 반려동물의 특징은 무엇입니까?

3. 반려동물에 대한 기본적인 돌봄 방법, 훈련 방법 등을 정리해 봅시다.

4. 반려동물을 키울 때 주의해야 할 점에 대해 써 봅시다.

발음 Tip

없어지는 모음 2

한국어에서 모음과 모음이 만날 때 모음이 없어지는 경우가 있습니다.

'ㅏ, ㅓ' 탈락	가 + 아 → 가 깨 + 어 → 깨어/깨	서 + 어 → 서 지내 + 어 → 지내어/지내

'가다'. '서다'와 같이 'ㅏ, ㅓ'로 끝나는 말 뒤에 '아/어'가 연결되는 경우에 항상 앞의 모음이 탈락합니다. 하지만 '깨어/깨'처럼 동사나 형용사가 'ㅐ'나 'ㅔ'로 끝나는 경우에는 뒤에 오는 모음을 그대로 쓰고 발음할 수 있습니다. 또 모음 중에서 하나가 탈락해서 쓰고 발음할 수도 있습니다.

확인 점검

- 반려동물에 대해 이야기하는 상황에서 사용하는 단어를 알고 이해할 수 있다. ☐ ☐ ☐
- 반려동물을 돌보는 과정에 대해 이야기할 수 있다. ☐ ☐ ☐

6 축제

학습 목표	참가했던 축제의 분위기와 경험을 구체적으로 말할 수 있다.
주제	축제
어휘와 표현	축제 관련 어휘
문법	-(으)ㄴ/는 줄 알다/모르다, -(으)ㄹ 수밖에 없다

축제에 가본 적이 있습니까?

여러분의 고향이나 사는 지역의 특별한 축제가 있습니까?

어휘 · 표현

알아보세요.

축제

행사가 열리다

일정

볼거리

진행하다

모이다

관객

참가하다

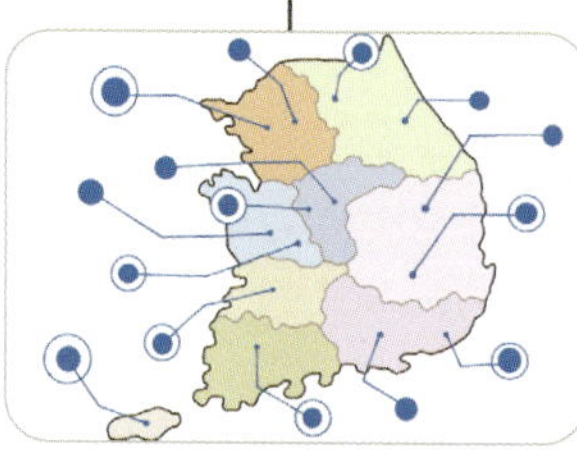

전국 각지

분위기

화려하다

멋지다

마음껏

연결하세요.

모이다 •	• 매우 아름답고 눈부시게 빛나다.
화려하다 •	• 행사나 업무를 계획대로 계속해서 하다.
진행하다 •	• 여러 사람들이 어떤 장소로 오다.

빈칸에 알맞은 표현을 채우세요.

1. ________________ 을/를 확인해 보니, 내일 오후에 회의가 있네요.
2. 주말에 공원에서 큰 행사가 ________________.
3. 이번 축제에는 다양한 ________________이/가 많아서 즐거웠어요.
4. 이번 여행에서는 ________________ 쉬면서 즐기고 싶어요.

빈칸에 알맞은 표현을 채워 대화를 완성하세요.

1. 엘레나: 선생님, 혹시 이번 학교 축제 ______________________이/가 어떻게 되나요?

   김윤서: 다음 주 수요일부터 금요일까지예요.

2. 링: 어제 본 불꽃놀이 어땠어요?

   냔냐: 정말 ______________________. 마지막에 가장 큰 불꽃이 정말 멋지더라고요.

-(으)ㄴ/는 줄 알다/모르다

- (동사나 형용사, '이다, 아니다'에 붙어) 어떤 사실에 대해 알거나 모른다는 뜻을 나타낼 때 사용한다.

가: 엘레나 씨, 숙제가 이번 주말까지인 거 알고 있지요?
나: 네? 저는 숙제 마감이 다음 주인 줄 알았는데요.

가: 다카시 씨가 노래를 정말 잘하네요.
나: 네, 저도 다카시 씨가 그렇게 노래를 잘하는 줄 몰랐어요.

- 마감일이 오늘인 줄 몰랐습니다.
- 죄송합니다. 제 일이 아닌 줄 알았습니다.

구분			예
동사	-는 줄		먹는 줄 알다
형용사	받침 O	-은 줄	좋은 줄 알다
	받침 X	-ㄴ 줄	예쁜 줄 알다
	ㄹ 받침		
명사	인 줄		오늘인 줄 알다

tip **'-(으)ㄴ/는 줄 알다/모르다'가 과거와 미래를 나타낼 때는 각각 '-(으)ㄴ 줄', '-(으)ㄹ 줄'의 형태로 나타난다.**
- 많이 먹은 줄 몰랐어요.
- 많이 먹는 줄 몰랐어요.
- 많이 먹을 줄 몰랐어요.

'-(으)ㄴ/는 줄 알다/모르다'에서 '알다', '모르다'는 과거, 현재, 미래로 모두 나타날 수 있다.
- 민수 씨는 냔냔 씨가 아파서 병원에 간 줄 몰라요.
- 내가 온 줄은 꿈에도 모를 거야.

문장을 만드세요.

보기 오늘 회의가 없다고 생각했어요.

➡ 오늘 회의가 없는 줄 알았어요.

1. 민수 씨가 노래를 잘 못 부를 것 같았는데 노래를 정말 잘하더라고요.

➡ ______________________.

2. 재미있을 거라고 생각하지 않았어요. 그런데 재미있었어요.

➡ ______________________.

대화를 만드세요.

보기 가: 링링 씨, 한국어 공부는 어때요? 할 만해요?

나: 한국어를 공부하기 전에는 한국어가 쉬운 줄 알았어요.

1. 가: 어, 밖에 비가 오네요. 우산 가지고 왔어요?

나: 아니요. 오늘은 ______________________. 우산 하나 사야겠어요.

2. 가: 자, 수업을 마칠 시간이 되었네요. 우리 내일 또 만나요.

나: 벌써요? 시간이 ______________________.

다음 밑줄 친 부분에 가장 알맞은 것을 고르세요.

보기 가: 다카시 씨는 말랐는데 진짜 많이 먹더라고요.

나: 네, 저도 깜짝 놀랐어요. 다카시 씨가 그렇게 ______________________.

① 잘 먹는 줄 알았어요 ② 잘 먹는 줄 몰랐어요

③ 안 먹는 줄 알았어요 ④ 안 먹는 줄 몰랐어요

문법 2

-(으)ㄹ 수밖에 없다

- (동사, 형용사, '이다, 아니다'에 붙어) 그것 이외에 다른 방법이나 다른 가능성이 없음을 나타낼 때 사용한다.

가: 입장권이 링링 씨한테 있는데 링링 씨가 늦네요.
나: 어쩔 수 없죠. 링링 씨가 올 때까지 기다릴 수밖에 없어요.

가: 다카시 씨는 한국어를 정말 잘하는 것 같아요.
나: 한국에서 3년 넘게 공부했는데 당연히 잘할 수밖에 없지요.

- 무엇이든 처음 배울 때는 어려울 수밖에 없어요.
- 휴가철이라 차가 많을 수밖에 없어요.

받침 O	-을 수밖에 없다	먹을 수밖에 없다
받침 X	-ㄹ 수밖에 없다	갈 수밖에 없다
ㄹ 받침		

tip **당연한 결과를 나타내는 경우, '당연히', '반드시'와 같은 부사와 함께 자주 사용한다.**

- 열심히 공부하지 않으면 당연히 시험을 못 볼 수밖에 없다.
- 열심히 공부하면 당연히 시험을 잘 볼 수밖에 없다.
- 그렇게 노력했으니 반드시 성공할 수밖에 없어요.

문장을 만드세요.

보기 여름이다 / 덥다

➡ 여름이니까 더울 수밖에 없어요.

1. 비가 오다 / 행사를 취소하다

➡ ______________________________.

2. 급한 일이 생기다 / 약속을 미루다

➡ ______________________________.

대화를 만드세요.

보기 가: 왜 이렇게 늦었어요?

나: 길이 너무 막혀서 늦을 수밖에 없었어요.

1. 가: 어제 새벽 늦게까지 공부해서 그런지 정말 피곤해요.

나: 잠이 부족하니까 ______________________________.

2. 가: 남자 친구하고 왜 헤어졌어요?

나: 성격이 잘 안 맞아서 ______________________________.

다음 밑줄 친 부분에 가장 알맞은 것을 고르세요.

보기 가: 오랜만에 만났는데 벌써 가세요?

나: 미안해요. 아이가 유치원에서 올 시간이라서 ______________________________.

① 갈 걸 그랬어요

② 가는 줄 몰랐어요

③ 갈 수밖에 없어요

④ 가려면 아직 멀었어요

대화

대화를 잘 들으세요.

다카시 링링 씨, 여기예요!

링링 늦어서 미안해요. 불꽃 축제가 오늘인 줄 몰랐어요.

다카시 괜찮아요. 제가 일찍 와서 좋은 자리를 맡아 놓았어요.

링링 전국 각지에서 사람들이 다 모였나 봐요.

다카시 그러게요. 사람들도 즐거워 보이고 분위기가 좋네요.

링링 행사 일정은 어떻게 되나요? 언제 불꽃놀이가 시작된대요?

다카시 일정표를 보니까 8시에 시작한대요.

링링 시간이 많이 남긴 했지만 자리가 좋으니 기다릴 수밖에 없겠네요.

다카시 네, 다행히 불꽃놀이 전까지 다양한 공연도 있다고 하네요.

링링 그래요? 그럼 시간이 금방 가겠네요.

다카시 맞아요. 그러면 이제 우리도 축제를 마음껏 즐겨 볼까요?

링링 네, 좋아요.

질문에 대답하세요.

1. 두 사람은 어디에 갔습니까?

2. 두 사람은 불꽃놀이가 시작되기 전까지 무엇을 할 계획입니까?

기억에 남는 축제가 있습니까?

대화를 만드세요.

상황 1 축제에 참가한 후 친구와 감상을 나누는 상황의 대화

상황 2 축제에서 일정표를 보면서 함께 즐길 프로그램을 고르는 상황의 대화

활동

이야기해 보세요.

1. 가장 기억에 남는 축제에 대해 생각해 봅시다.

2. 축제에서 가장 인상 깊었던 공연이나 체험 활동은 무엇이었나요?

3. 축제를 계획할 때 중요한 요소는 무엇일까요?

4. 내가 축제 기획자라면 어떤 축제를 만들고 싶은지 이야기해 보세요.

발음 Tip

ㄹ 탈락

한국어에서 받침이 'ㄹ'인 동사와 형용사가 'ㄴ'이나 'ㄹ'을 만나면 받침 'ㄹ'이 없어집니다.

살 + 는 → 사는	놀 + 는 → 노는	만들 + 는 → 만드는
살 + ㄴ → 산	놀 + ㄴ → 논	만들 + ㄴ → 만든
살 + 니까 → 사니까	놀 + 니까 → 노니까	만들 + 니까 → 만드니까
살 + ㄹ → 살	놀 + ㄹ → 놀	만들 + ㄹ → 만들

그리고 한국어에서 높임을 나타내는 '-시-'가 붙을 때도 '살으시고'로 발음하지 않고 '사시고'와 같이 발음하고 써야 합니다.

확인 점검

축제에 대해 이야기하는 상황에서 사용하는 단어를 알고 이해할 수 있다.	☐	☐	☐
축제에 참가한 후 감상에 대해 이야기할 수 있다.	☐	☐	☐

7 유학 생활

학습 목표	유학 생활 중 겪은 경험과 느낌을 말할 수 있다.
주제	유학 생활
어휘와 표현	유학 생활 관련 어휘
문법	-대서, -다니까

유학을 가기 전에 어떤 준비를 해야 할까요?

(지금 유학 생활 중이라면) 유학 생활의 첫 주는 어떻게 보냈나요?

어휘 · 표현

알아보세요.

유학생활

경험을 쌓다

적극적

적응하다

익숙하다

극복하다

문화 차이

새롭다

낯설다

외롭다

비자를 신청하다

학비를 내다

장학금을 받다

연결하세요.

적극적 •	• 어려운 일이나 상황을 이겨내다.
적응하다 •	• 새로운 환경에 익숙해져서 잘 맞다.
극복하다 •	• 이전에 경험해본 적이 없다.

빈칸에 알맞은 표현을 채우세요.

1. 3년 정도 지내니까 이제는 이곳의 생활이 ________________.

2. 링링은 공부를 열심히 해서 매년 ________________.

3. 유학 생활을 통해 다양한 경험을 ________________.

4. 처음 왔을 때는 모든 것이 ________________ 느껴졌어요.

빈칸에 알맞은 표현을 채워 대화를 완성하세요.

1. 이서준: 유학 생활이 어때요?

엘레나: 처음에는 ________________때문에 좀 힘들었어요.

이서준: 문화가 많이 달라서 ________________이/가 쉽지 않았을 것 같아요.

엘레나: 네, 하지만 이제는 많이 ________________.

2. 정민수: 내년에 대학원에 지원해 보려고 해요.

링링: 그래요? 대학원은 ________________이/가 비싸지 않아요?

정민수: 알아보니까 모교의 대학원으로 가면 ________________.

문법 1

-대서

● (동사나 형용사, '이다, 아니다'에 붙어) 다른 사람의 말을 들은 후에 어떤 행동을 하거나 느낀 것을 나타낼 때 사용한다.

가: 왜 사이버외대에 지원했어요?
나: 아는 선배가 사이버외대가 한국어를 잘 가르친대서 지원했어요.

가: 어디 가는 길이에요?
나: 친구들이 카페에서 같이 공부하재서 가는 길이에요.

- 친구가 저한테 언제 결혼하냬서 저도 모른다고 했어요.
- 친구가 병원에 한번 가보래서 왔어요.

평서문	-대서	먹는대서
명령문	-래서	먹으래서
의문문	-냬서	먹냬서
청유문	-재서	먹재서

문장을 만드세요.

보기 다카시 씨가 한국어를 잘한대요. 그래서 모르는 것을 물어봤어요.

➡ 다카시 씨가 한국어를 잘한대서 모르는 것을 물어봤어요.

1. 친구가 생일이래요. 그래서 선물을 사 줬어요.

   ➡ ______________________________.

2. 친구가 한국어 공부는 어떻냬요. 그래서 재미있다고 했어요.

   ➡ ______________________________.

대화를 만드세요.

보기 가: 내일 등산 가기로 했어요?

가: 아니요. 일기예보에서 내일 비가 온대서 그냥 집에 있기로 했어요.

1. 가: 주말인데 도서관에 가요?

   나: 네, 친구가 같이 ______________ 도서관에서 만나기로 했어요.

2. 가: 링링 씨, 어디를 그렇게 급하게 가요?

   나: 아, 부장님이 서류를 빨리 ______________ 부장님께 가는 길이에요.

다음 밑줄 친 부분에 가장 알맞은 것을 고르세요.

보기 가: 그렇게 좋아하던 커피를 왜 끊었어요?

나: 의사인 친구가 ______________ 대신 차를 마시기로 했어요.

① 커피를 마시러 가재서
② 커피를 언제 살 거냬서
③ 커피가 건강에 이롭대서
④ 커피를 많이 마시지 말래서

문법 2

-다니(까)

● (동사, 형용사, '이다, 아니다'에 붙어) 들은 말에 대해 말하는 사람이 놀라거나 감탄함을 나타낸다.

가: 정성이 담긴 선물 정말 고마워요. 제 마음에 쏙 들어요.
나: 마음에 드신다니 저도 기쁘네요.

가: 우리 내일부터 운동할까?
나: 정말? 네가 운동하겠다니 놀랄 일인데.

- 오늘도 시간이 없다니 어쩔 수 없네요.
- 그 사람이 범인이라니 도저히 믿을 수 없다.

<table>
<tr><td rowspan="3">동사</td><td>받침O</td><td>-는다니</td><td>먹는다니</td></tr>
<tr><td>받침X</td><td rowspan="2">-ㄴ다니</td><td rowspan="2">간다니</td></tr>
<tr><td>ㄹ 받침</td></tr>
<tr><td>형용사</td><td colspan="2">-다니</td><td>좋다니</td></tr>
<tr><td>이다</td><td colspan="2">-(이)라니</td><td>친구라니</td></tr>
<tr><td>아니다</td><td colspan="2">이/가 아니라니</td><td>친구가 아니라니</td></tr>
</table>

tip **'-다니(까)' 뒤에는 보통 앞에서 들은 말에 대한 느낌, 감정을 나타내는 말들이 온다.**

- 시험이 어렵다니 걱정이에요.
- 한국어능력시험에서 6급을 받았다니 부러워요.
- 다음 주에 고향에 돌아갈 거라니 아쉽네요.

문장을 만드세요.

보기 오늘 합격자가 발표되다 / 떨리다

➡ 오늘 합격자가 발표된다니 떨리네요.

1. 이번 시험이 아주 어려울 것이다 / 걱정이 되다

➡ ______________________________.

2. 내일부터 추워지다 / 옷을 따뜻하게 입다

➡ ______________________________.

대화를 만드세요.

보기 가: 학교 앞에 새로 생긴 식당이 정말 맛있대요.

나: 맛있다니 한번 가 봐야겠네요.

1. 가: 한국어 발음이 정말 좋으시네요?

나: ______________ 좀 부끄러워요.

2. 가: 오후에 비가 많이 올 거래요.

나: ______________ 우산을 챙겨야겠네요.

다음 밑줄 친 부분에 가장 알맞은 것을 고르세요.

보기 가: 건강을 생각해서 술 좀 줄이지 그래요?

나: ______________ 그렇게 할게요.

① 건강한 만큼
② 건강을 생각해도
③ 건강한 걸 보니까
④ 건강이 중요하다니

대화

대화를 잘 들으세요.

김윤서 엘레나 씨, 요즘 한국 생활은 어때요?

엘레나 너무 좋아요. 아주 즐겁게 지내고 있어요.

김윤서 그래요? 학기 초에 엘레나 씨가 고향으로 돌아가고 싶대서 걱정을 많이 했거든요.

엘레나 맞아요. 처음에는 모든 것이 낯설었어요. 하지만 이제는 한국 생활이 익숙해져서 하나도 힘들지 않아요.

김윤서 잘 적응하고 있다니 다행이네요. 친구들도 많이 생겼어요?

엘레나 네, 다양한 경험을 쌓고 싶어서 학교 활동에 적극적으로 참여하고 있거든요.

김윤서 엘레나 씨의 적극적인 성격 덕분에 힘든 시간을 잘 극복한 것 같아요.

엘레나 네, 맞아요. 친구들이 많아지니까 한국어 공부도 더 재미있어졌어요.

김윤서 엘레나 씨는 유학 온 것을 후회한 적은 없어요?

엘레나 네, 가끔 힘들 때도 있었지만 유학을 통해서 많은 것을 배웠어요. 그래서 후회하지 않아요.

김윤서 그렇군요. 앞으로도 즐겁고 건강한 유학 생활하기를 바랄게요.

엘레나 네, 선생님. 감사합니다.

질문에 대답하세요.

1. 엘레나 씨가 처음 한국에 왔을 때는 어땠습니까?

2. 엘레나 씨는 한국에서의 유학 생활에 대해 어떻게 생각합니까?

여러분의 유학 생활은 어떻습니까?

대화를 만드세요.

상황 1 유학 생활 중 겪는 문화 차이에 대해 이야기하는 상황의 대화

상황 2 유학 생활에서의 어려움을 극복하는 방법에 대해 조언하는 상황의 대화

활동

써 보세요.

1. 유학 생활 중 문화 차이를 느낀 경험에 대해 생각해 봅시다.

2. 문화 차이가 생겼을 때, 어떻게 반응/해결했나요?

3. 그날의 기억, 기분, 상황 등에 대해 떠올리며 일기를 써 보세요.

4. 고향 친구가 한국으로 유학을 온다면 어떤 점을 조언해 주고 싶은지 써 보세요.

발음 Tip

ㅎ 불규칙

한국어에서 받침이 'ㅎ'인 형용사가 모음에 연결될 때 ㅎ불규칙이 일어납니다.

까맣 + 아 → 까매	꺼멓 + 어 → 꺼메
파랗 + 아 → 파래	퍼렇 + 어 → 퍼레
빨갛 + 아 → 빨개	뻘겋 + 어 → 뻘게
노랗 + 아 → 노래	누렇 + 어 → 누레
하얗 + 아 → 하얘	허옇 + 어 → 허예

특히 '하얗다', '허옇다'는 각각 [하얘], [허예]로 발음되기 때문에 이중모음 발음과 쓰기에 실수하지 않도록 주의해야 합니다.

확인 점검

- 유학 생활에 대해 이야기하는 상황에서 사용하는 단어를 알고 이해할 수 있다. ☐ ☐ ☐
- 자신의 유학 생활에 대해 이야기할 수 있다. ☐ ☐ ☐

8 문화와 복습 1

학습 목표 한국의 주요 여행지와 축제 정보를 읽고 이해할 수 있다.

여러분은 한국의 어느 도시를 여행해 봤습니까?

한국의 여행지와 축제에 대해서 이야기해 봅시다.

문화

읽어 보세요.

한국 여행을 떠올리면 대부분의 사람들은 한국의 수도인 서울을 먼저 생각합니다. 하지만 한국에는 서울말고도 다양한 매력을 지닌 많은 여행지가 있습니다. 각 여행지에서 개최되는 다채로운 축제는 여행자들에게 새로운 경험을 선사합니다. 도시와 자연, 과거와 현재가 조화롭게 공존하는 한국의 특별한 여행지와 특색있는 축제를 알아봅시다.

부산의 아름다운 바다로 여러분들을 초대합니다. 부산의 광안리 해수욕장과 해운대 해수욕장은 한국의 대표적인 해변으로, 낮에는 바다를 즐기고 밤에는 환상적인 야경을 감상할 수 있는 곳입니다. 저녁 무렵 해변을 걸으며 도시의 활기를 느끼다 보면 부산의 낭만에 빠지게 됩니다.

전통의 향기를 느끼고 싶다면 전주 한옥마을을 방문해 보세요. 좁은 골목길을 따라 들어선 한옥들은 마치 과거로 돌아간 듯한 기분을 선사합니다. 한복을 입고 한옥마을에서 시간을 보내다 보면 한국의 문화와 역사에 한 발 더 다가갈 수 있습니다.

자연을 사랑한다면 제주도의 한라산을 빼놓을 수 없습니다. 제주도의 한라산은 계절마다 변하는 아름다운 풍경으로 일 년 내내 색다른 아름다움을 자랑합니다. 아름다운 제주도에서 등산뿐만 아니라 광활한 자연 속에서 휴식을 취하며 자연의 위대함을 느낄 수 있습니다.

여행에 축제가 더해지면 감동은 배가 됩니다. 한국의 축제를 통해 지역의 특색과 문화를 깊이 느낄 수 있습니다. 봄에 한국을 방문한다면 진해 군항제를 놓치지 마세요. 만개한 벚꽃으로 도시 전체를 물들입니다. 하얀 벚꽃 터널을 따라 걸으며 한국 봄의 아름다움을 만끽할 수 있습니다. 가을에 한국을 방문한다면 진주 남강 유등축제에 가 보세요. 진주 남강 위를 수놓은 형형색색의 유등은 밤하늘을 대신해 강을 밝히며 환상적인 풍경을 만들어 냅니다. 또한 부산국제영화제(BIFF)는 영화 애호가들에게 꿈과 같은 축제입니다. 세계적인 작품을 감상하고, 감독과 배우와의 만남을 통해 영화에 대한 깊은 이야기를 나눌 수 있습니다. 부산의 해변과 도시 풍경 속에서 열리는 이 축제는 영화 이상의 경험이 될 것입니다.

이와 같이 한국의 여행과 축제는 사람과 자연, 전통과 현대가 어우러진 감동적인 경험을 선사합니다. 부산 바다의 밤바람, 전주의 고즈넉한 한옥 골목, 한라산의 웅장한 자연, 그리고 전국 곳곳에서 펼쳐지는 매력적인 축제들까지. 한국으로 떠나 여러분의 추억과 이야기를 만들어 보세요!

질문에 대답하세요.

1. 이 글에서 소개한 여행지는 어디입니까?

2. 이 글에서 소개한 한국의 축제에는 무엇이 있습니까?

여러분 나라에서 유명한 여행지 또는 축제에 대해 이야기해 보세요.

복습

다음 문제를 풀어 보세요.

※ [1~10] 다음 (　　　　)에 알맞은 것을 고르십시오.

1. 그녀의 친절에 (　　　　)하기 위해 작은 선물을 준비했다.

① 변화　② 인정　③ 보답　④ 감동

2. 비가 많이 왔지만 준비한 행사가 (　　　　) 진행되었다.

① 실컷　② 무사히　③ 심지어　④ 진심으로

3. 친구가 나에 대해 오해하고 있는 것 같아서 (　　　　) 마음이 들었다.

① 낯선　② 특별한　③ 귀찮은　④ 억울한

4. 우리는 비가 (　　　　) 전에 서둘러 집으로 돌아갔다.

① 그치기　② 많아지기　③ 쏟아지기　④ 흘러내리기

5. 겨울에는 실내 (　　　　)이/가 낮아서 건조함을 느낄 수 있다.

① 습도　② 기온　③ 기압　④ 강수량

6. 아이들이 다양한 직업을 (　　　　) 수 있는 행사를 준비했다.

① 지킬　② 모집할　③ 전달할　④ 체험할

7. 이 책은 생활에 (　　　　) 정보를 많이 담고 있다.

① 유익한　② 익숙한　③ 꾸준한　④ 활발한

8. 그 강아지는 정말 (　　　　) 주인의 말을 금방 알아듣는다.

① 순해서　② 게을러서　③ 솔직해서　④ 영리해서

9. 선수들은 체력을 키우기 위해 매일 강도 높은 (　　　　)을/를 받는다.

① 훈련　② 기술　③ 연습　④ 반복

10. 도시는 밤이 되자 (   ) 불빛으로 가득 찼다.

① 신선한 ② 화려한 ③ 시끄러운 ④ 만족스러운

※ [11~12] 다음 밑줄 친 부분과 의미가 비슷한 것을 고르십시오.

11. 아이들은 놀이터에서 <u>실컷</u> 뛰어다녔다.

① 온통 ② 훨씬 ③ 마음껏 ④ 끊임없이

12. 그녀는 자신의 두려움을 <u>이겨 내기</u> 위해 꾸준히 도전했다.

① 살리기 ② 극복하기 ③ 실패하기 ④ 차지하기

※ [13~14] 다음 밑줄 친 부분과 의미가 반대인 것을 고르십시오.

13. 새로운 환경이 <u>낯설어서</u> 적응하는 데 시간이 걸렸다.

① 두려워서 ② 창피해서 ③ 새로워서 ④ 익숙해서

14. 중요한 이야기라서 <u>비밀을 잘 지킬</u> 것 같은 사람들에게만 전달했다.

① 귀가 얇은 ② 눈이 높은 ③ 발이 넓은 ④ 입이 가벼운

※ [15~20] 다음 (   )에 알맞은 것을 고르십시오.

15. 가: 여행은 잘 다녀왔어요?
나: 네, 팀장님께서 좋은 여행지를 (   ) 행복한 휴가를 보낼 수 있었어요.

① 추천해주시자마자 ② 추천해주신 걸 보니까
③ 추천해주신 덕분에 ④ 추천해주실지도 몰라서

16. 가: 선생님께서 오늘 수업은 10분 정도 늦게 (   ).
나: 그래요? 그러면 저 화장실 좀 다녀올게요.

① 시작하신대요 ② 시작하시려고요
③ 시작하실 만해요 ④ 시작하시던데요

복습

17.

가: 앗, 하마터면 휴대폰을 (   ).
나: 안 떨어졌다니 다행이네요.

① 떨어졌거든요 ② 떨어뜨리려고요
③ 떨어뜨릴 만했어요 ④ 떨어뜨릴 뻔했어요

18.

가: 새로 입사한 회사의 사람들은 (   )?
나: 다들 좋은 분들인 것 같더라고요.

① 어떠냬요 ② 어떻겠지
③ 어떻던가요 ④ 어떤 거예요

19.

가: 민수가 (   ) 발표 준비는 우리가 하자.
나: 좋아, 내가 PPT를 만들게. 너는 발표 대본을 준비해 줘.

① 바쁘다면서 ② 바쁘다니까
③ 바쁜 데다가 ④ 바쁜 걸 보니까

20.

가: 이거 엘레나 씨 지갑 아니에요?
나: 맞아요! 저는 지갑을 집에 (   ).

① 두고 왔던데요 ② 두고 올까 봐요
③ 두고 올 뻔했어요 ④ 두고 온 줄 알았어요

※ [21~22] 다음 밑줄 친 부분과 의미가 비슷한 것을 고르십시오.

21.

가: 많이 피곤해 보여요. 요즘 일이 많아요?
나: 네, 요즘 잠을 너무 못 자서 하루만이라도 푹 <u>쉬고 싶어요</u>.

① 쉬던데요 ② 쉴 걸 그랬어요
③ 쉴 수밖에 없어요 ④ 쉬었으면 좋겠어요

22.

가: 비가 너무 많이 와서 오늘은 외출을 못 할 것 같아요.
나: 맞아요. 이런 날은 집에 <u>있어야죠</u>.

① 있거든요 ② 있잖아요
③ 있는 줄 알았어요 ④ 있을 수밖에 없어요

※ [23~24] 다음 밑줄 친 부분이 틀린 것을 고르십시오.

23. ① 그는 길가에 차를 잠시 세웠다.
② 영화의 마지막 장면이 나를 울렸다.
③ 날씨가 추워서 따뜻한 국을 끓려 먹었다.
④ 구급차가 빨리 도착해서 환자의 목숨을 살렸다.

24. ① 날씨가 춥대서 따뜻하게 입고 나가세요.
② 학교 앞에 새로운 카페가 생겼대서 가 보려고요.
③ 이 책이 정말 재밌다니까 민수 씨도 한번 읽어 보세요.
④ 이번 주말에 날씨가 좋다니까 나들이를 가는 게 어때요?

※ [25~26] 다음을 읽고 물음에 답하십시오.

가: 다음 달에 미국으로 여행을 가려고 해요.
나: 그래요? 비자는 (㉠)?
가: 여행사에서 알아서 다 해주는 것 같아요.
나: 그렇군요. 직접 하려면 복잡한데 여행사에 (㉡) 편하겠어요.

25. ㉠에 알맞은 것을 고르십시오.

① 가입했어요 ② 신청했어요 ③ 지원했어요 ④ 참가했어요

26. ㉡에 알맞은 것을 고르십시오.

① 맡으면 ② 맡리면 ③ 맡기면 ④ 맡이면

9 이사

학습 목표	이사에 필요한 정보를 묻고 답하며 대화할 수 있다.
주제	이사
어휘와 표현	이사 관련 어휘
문법	-았/었다가, -다(가) 보다

이사를 하기 전에 어떤 준비를 해야 할까요?

집을 고를 때 가장 중요하게 생각하는 것은 무엇인가요?

어휘 · 표현

알아보세요.

이사

계약하다

거주하다

정리하다

보증금

옮기다

깔끔하다

전세/월세

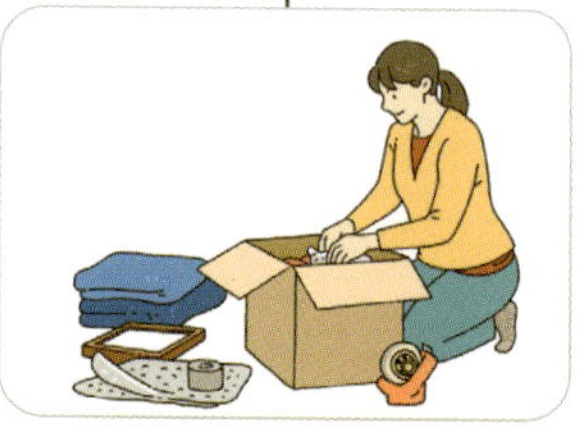

짐을 싸다/풀다

집들이

관리비

전입신고

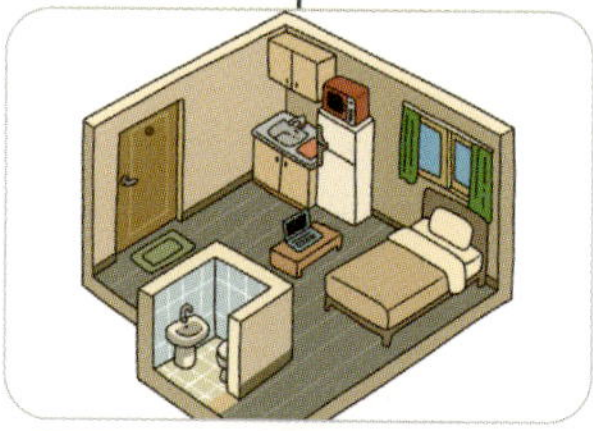

원룸

연결하세요.

옮기다 •	• 짐을 싸서 가지고 있던 것을 새로운 장소에 도착한 후에 가방이나 상자에서 꺼내어 정리하다.
정리하다 •	• 물건, 사람, 장소 등을 한 곳에서 다른 곳으로 이동시키다.
짐을 풀다 •	• 어지럽거나 복잡한 상태를 질서 있게 만들다.

빈칸에 알맞은 표현을 채우세요.

1. 방은 좀 작지만 새로 지은 건물이라서 ________________.

2. ________________에는 공용 전기 요금과 엘리베이터 사용료가 포함됩니다.

3. 이번 주말에 친구가 새로 이사한 집에서 ________________을/를 한대요.

4. 이사한 후에는 14일 이내에 ________________을/를 해야 해요.

빈칸에 알맞은 표현을 채워 대화를 완성하세요.

1. 이서준: 이번 주말에 뭐 할 거예요?

엘레나: 집을 좀 ________________ 해요. 청소를 안 한 지 오래됐거든요.

2. 정민수: 링링 씨, 새로운 집은 전세인가요, 월세인가요?

링링: ________________이에요/예요. 매달 돈을 내는 게 좀 부담되지만 괜찮아요.

정민수: ________________은/는 어떻게 준비했어요?

링링: 부모님께서 좀 도와주셨어요.

문법 1

-았/었다가

● (동사나 형용사, '이다, 아니다'에 붙어) 어떠한 행위나 상태가 완료되고 다른 행위나 상태로 바뀜을 나타낼 때 사용한다.

가: 왜 이렇게 늦게 왔어요?
나: 핸드폰을 두고 와서 집에 다시 갔다가 왔어요.

가: 왜 아직까지 안 자요?
나: 자려고 누웠다가 잠이 안 와서 일어났어요.

- 백화점에 갔다가 고등학교 때 친구를 만났어요.
- 좋아하는 사람에게 고백을 하려고 편지를 썼다가 지웠어요.

ㅏ, ㅗ	-았다가	갔다가
ㅏ, ㅗ 이외	-었다가	쉬었다가
-하다	-했다가	잘했다가

tip '-았/었다가'는 행위의 전환을 의미하는 경우가 많으므로 형용사보다는 동사의 사용이 많다. 형용사와 결합할 때에는 앞 절의 상태와 뒤 절의 상태가 대립되는 경우에 많이 나타난다.

- 하늘이 맑았다가 갑자기 흐려졌다.
- 교실이 조용했다가 다시 시끄러워졌다.

일반적으로 앞 절과 뒤 절의 주어가 같아야 한다.

- 나는 편지를 썼다가 동생이 지웠어요. (X)
- 나는 편지를 썼다가 (내가) 지웠어요. (O)

어떠한 행위가 완료된 후에 예상치 못한 일이 생겼을 때에도 사용할 수 있다.

- 주말에 이태원에 갔다가 BTS를 봤어요.
- 찬 음식을 많이 먹었다가 배탈이 났어요.

문장을 만드세요.

보기 어제까지는 춥다 / 오늘부터는 따뜻해지다

➡ 어제까지는 추웠다가 오늘부터는 따뜻해졌어요.

1. 두 사람이 헤어지다 / 다시 사귀다

➡ ______________________________.

2. 우유가 상한 줄 모르고 마시다 / 배탈이 나다

➡ ______________________________.

대화를 만드세요.

보기 가: 마트에 간다고 하지 않았어요? 왜 아무것도 안 사 왔어요?

나: 마트가 쉬는 날인 줄 모르고 마트에 갔다가 문을 닫아서 그냥 왔어요.

1. 가: 왜 감기에 걸렸어요?

나: 날이 추운 줄 모르고 옷을 얇게 ______________ 감기에 걸렸어요.

2. 가: 이상해요. 컴퓨터가 멈췄어요.

나: 그럼 컴퓨터를 ______________ 다시 켜 보세요.

다음 밑줄 친 부분에 가장 알맞은 것을 고르세요.

보기 가: 핸드폰을 만들려면 신분증이 있어야 합니다.

나: 지금 없는데 오늘은 ______________ 내일 다시 와야겠네요.

① 그냥 가다가 ② 그냥 갔다가

③ 가고 나니까 ④ 만들고 난 후에

문법 2

-다(가) 보다

● 동사에 붙어 어떤 행위를 하는 과정에서 새로운 사실을 깨닫게 되거나 새로운 상태가 됨을 나타낼 때 사용한다.

가: 한국어 공부를 시작했는데 생각보다 어려워요.
나: 처음에는 다 그렇지요. 공부를 하다가 보면 잘하게 될 거예요.

가: 어쩜 이렇게 한국어를 잘하세요?
나: 매일 꾸준히 공부하다 보니까 잘하게 되더라고요.

- 살다 보니까 이런 일도 있네요.
- 이 노래를 여러 번 듣다가 보면 분명 좋아하게 될 거예요.

동사	받침 O	-다가 보다	먹다가 보면
	받침 X		쉬다가 보니까

tip

'-다가 보니까' 뒤에는 보통 완료된 결과를 나타내는 말이 오고, '-다가 보면' 뒤에는 앞으로의 결과를 나타내는 말이 온다.

- 열심히 하다 보니까 잘하게 되었어요.
- 열심히 하다 보면 잘하게 될 거예요.

앞 문장의 주어와 뒤 문장의 주어가 같아야 한다.

- (제가) 열심히 노력하다 보면 권우 씨가 성공할 거예요.(X)
- 권우 씨가 열심히 노력하다 보면 성공할 거예요.(O)

- (제가) 계속 먹다 보니까 권우 씨가 뚱뚱해졌어요. (X)
- 계속 먹다 보니까 뚱뚱해졌어요. (O)

문장을 만드세요.

보기 밤에 자꾸 음식을 먹다, 살이 찌다.
➡ 밤에 자꾸 음식을 먹다 보니까 살이 쪘어요.
➡ 밤에 자꾸 음식을 먹다 보면 살이 찔 거예요.

1. 한국에서 살다, 한국문화를 알게 되다.
➡ ____________________.
➡ ____________________.

2. 열심히 노력하다, 좋은 결과를 얻다
➡ ____________________.
➡ ____________________.

대화를 만드세요.

보기 가: 벌써 저녁이 되었네요?
나: 그러게요. 너무 재미있게 놀다 보니까 벌써 시간이 이렇게 된 줄 몰랐어요.

1. 가: 링링 씨는 어쩜 그렇게 요리를 잘해요?
나: 저도 처음에는 잘 못했는데 ________ 잘하게 됐어요.
다카시 씨도 요리를 ________ 잘하게 될 거예요.

2. 가: 어제 남자 친구랑 싸웠는데 정말 속상해요.
나: ________ 싸울 때도 있지요. 저도 많이 다투었는데 이해하게 되더라고요.

다음 밑줄 친 부분에 가장 알맞은 것을 고르세요.

보기 가: 새로 시작한 일은 힘들지 않아요?
나: 네, 괜찮아요. 처음엔 힘들었는데 ________ 익숙해지더라고요.

① 했다가 ② 하다 보면
③ 하다 보니까 ④ 하고 나니까

대화

대화를 잘 들으세요.

링링 저 다음 주에 이사해요.
정민수 그래요? 어디로 가요?
링링 지금 살고 있는 집하고 가까워요. 회사 근처예요.
정민수 그러면 왜 이사를 하는 거예요? 지금 사는 집이 마음에 안 들어요?
링링 아니에요. 지금은 월세를 내고 있는데 전세로 바꾸고 싶어서요.
정민수 잘했네요. 저는 월세로 계속 살다가 보니 돈을 모으기가 쉽지 않더라고요.
링링 맞아요. 보증금을 좀 많이 냈지만, 나중에 돌려 받을 수 있으니까 괜찮아요.
정민수 그렇군요. 이삿짐은 다 쌌어요?
링링 아니요. 아직 정리하고 있어요. 짐을 싸다가 보니까 필요 없는 물건이 너무 많더라고요.
정민수 이삿짐 싸는 게 쉽지 않죠. 저도 지난번에 이사할 때 짐을 다 쌌다가 다시 풀고 안 쓸 것 같은 물건들은 잔뜩 버렸어요.
링링 저도 그래야겠어요. 새로운 집에서는 정리도 잘하고 깔끔하게 지내고 싶어요.
정민수 좋은 생각이에요. 나중에 집들이할 때 저도 초대해 주세요.

질문에 대답하세요.

1. 링링 씨는 왜 이사를 합니까?

2. 링링 씨는 새로운 집에서 어떻게 지내고 싶습니까?

한국에서 이사해 본 경험이 있습니까?

대화를 만드세요.

상황 1 이사를 준비하고 있는 상황의 대화

상황 2 이사한 후에 집들이에 초대하는 상황의 대화

읽어 보세요.

이사 준비 체크리스트

이사는 번거로운 일이지만 잘 계획하면 걱정을 줄일 수 있습니다. 체크리스트를 따라 하나씩 준비하면 성공적으로 이사를 마칠 수 있을 거예요.

1. 이사 날짜 정하기

가장 먼저 해야 할 일은 이사 날짜를 정하는 것입니다. 이사 날짜는 자신의 일정과 새로운 집의 입주 가능 날짜를 고려하여 결정해야 합니다.

2. 이삿짐 센터 예약하기

이삿짐 센터를 예약할 때는 여러 곳의 견적을 비교해 보세요. 이사 서비스에는 포장 이사와 일반 이사가 있습니다. 포장 이사는 이삿짐 센터 직원이 짐을 싸고 옮겨 주는 서비스이고, 일반 이사는 본인이 직접 짐을 싸고 이삿짐 센터에서 옮겨 주기만 하는 것입니다.

3. 짐 정리 및 포장

이사 전에는 사용하지 않는 물건을 정리하는 것이 좋습니다. 쓰지 않는 물건은 버리거나 기부하세요. 짐을 포장할 때는 자주 쓰는 물건과 사용하지 않는 물건을 구분해서 싸는 것이 중요합니다. 상자에는 어떤 물건이 들어 있는지 이름을 써 놓으면 나중에 찾기가 쉽습니다.

4. 주소 변경하기

이사한 후에 가장 먼저 해야 할 일은 전입신고입니다. 전입신고는 이사 후 14일 이내에 해야 하며, 가까운 주민센터에서 할 수 있습니다. 이는 새로운 주소로 거주지를 등록하는 과정이며 신고를 하지 않으면 과태료가 부과될 수 있습니다. 또한, 전입신고와 함께 확정일자를 받는 것도 중요합니다. 확정일자는 전세계약서에 법적 효력을 부여해주는 절차로, 집주인과의 분쟁이 발생했을 때 본인의 권리를 보호받을 수 있습니다.

1. 이사할 때 가장 먼저 해야 할 일은 무엇입니까?

2. 포장 이사와 일반 이사의 차이점은 무엇입니까?

3. 이사한 후에 가장 먼저 해야 할 일은 무엇입니까? 그것을 어떻게 합니까?

4. 여러분의 이사 경험에 대해 이야기를 해 보세요.

발음 Tip

구개음화 1

한국어에서 받침이 'ㄷ, ㅌ'으로 끝나는 말 뒤에 문법을 나타내는 모음 '이'가 연결되면 [ㅈ, ㅊ]로 바뀌어서 소리가 납니다.

굳이[구지]	맏이[마지]	곧이[고지]
미닫이[미다지]	여닫이[여다지]	해돋이[해도지]
같이[가치]	밭이[바치]	끝이[끄치]
바깥이[바까치]	붙이다[부치다]	햇볕이[핻뼈치]

'끝이'와 '밭이'를 [끄치], [바치]로 발음하는 것은 표준발음입니다. '끝을', '밭을'을 [끄츨], [바츨]과 같이 발음하는 경우가 있는데 이는 잘못된 발음입니다.

확인 점검

이사에 대해 이야기하는 상황에서 사용하는 단어를 알고 이해할 수 있다. ☐ ☐ ☐

자신의 이사 경험에 대해 이야기할 수 있다. ☐ ☐ ☐

10 문화생활

학습 목표	자신이 경험한 문화생활에 대한 감상을 표현할 수 있다.
주제	문화생활
어휘와 표현	문화생활 관련 어휘
문법	-(으)ㄹ까 봐, -(으)ㄹ래야 -(으)ㄹ 수가 없다

여러분은 문화생활을 즐기기 위해 특별히 시간을 내거나 계획을 세우나요?

최근에 다녀온 전시회나 공연이 있나요? 어땠나요?

어휘 · 표현

알아보세요.

문화생활

연주회

뮤지컬

문화재

맛집 탐방

구독하다

후기

기대하다

만족스럽다

세련되다

삶의 질

풍요롭다

여유가 있다

연결하세요.

구독하다 •	• 정기적으로 발행되는 글이나 영상 등을 지속적으로 보기 위해 신청하다.
세련되다 •	• 외모, 말투, 행동 등이 우아하고 고급스럽다.
만족스럽다 •	• 기대나 필요가 충분히 마음에 들다.

빈칸에 알맞은 표현을 채우세요.

1. 인터넷에서 사람들의 ________________이/가 아주 좋은 식당을 하나 찾았어요.
2. 요즘은 할 일이 많지 않아서 시간적으로 ________________.
3. 내일 저녁에 유명한 피아니스트의 ________________이/가 있어서 예매했어요.
4. 요즘 동네 ________________을/를 하며 좋은 식당들을 찾고 있어요

빈칸에 알맞은 표현을 채워 대화를 완성하세요.

1. 링링: 한국 사람들은 어떤 서비스를 많이 ________________ 있나요?

   김윤서: 요즘은 아무래도 여러 가지 배달 서비스가 인기가 많지요.

2. 정민수: 문화생활을 통해 ________________이/가 많이 좋아진 것 같아요.

   허지미: 맞아요. 생활이 더 ________________.

-(으)ㄹ까 봐

● (동사나 형용사, '이다, 아니다'에 붙어) 어떤 행위가 발생하거나 어떤 상황이 될 것에 대한 추측을 나타낸다. 이러한 추측이 염려스럽거나 걱정스러울 때 사용한다.

가: 왜 우산을 가지고 왔어요?
나: 이따가 비가 올까 봐 가지고 왔어요.

가: 무릎이 왜 그래요?
나: 늦을까 봐 뛰어오다가 계단에서 넘어졌어요.

- 시험이 어려울까 봐 걱정이에요.
- 이번에 합격하지 못할까 봐 걱정이에요.

받침 O	-을까 봐	먹을까 봐
받침 X	-ㄹ까 봐	올까 봐
ㄹ 받침		

tip

과거형 '-았/었-'과 결합할 수 있다.
- 수업이 끝났을까 봐 걱정했어요. (O)

미래/추측의 '-겠-'과 결합하지 않는다.
- 기차가 떠나겠을까 봐 서둘렀다. (X)

문장을 만드세요.

보기 늦잠을 자다 / 알람을 맞추다

➡ 늦잠을 잘까 봐 알람을 맞춰 놓았어요.

1. 감기에 걸리다 / 옷을 두껍게 입다

➡ ________________________________.

2. 넘어지다 / 운동화를 신다

➡ ________________________________.

대화를 만드세요.

보기 가: 내일 발표 준비 많이 했어요?

나: 열심히 하긴 했는데 그래도 실수할까 봐 걱정이에요.

1. 가: 지미 씨, 커피를 또 마셔요?

나: 수업 시간에 ______________ 걱정이 돼서요.

2. 가: 우산은 왜 가지고 나왔어요?

나: 아침에 날씨가 흐린 걸 보고 이따가 ______________ 가지고 왔어요.

다음 밑줄 친 부분에 가장 알맞은 것을 고르세요.

보기 가: 다카시 씨, 뭘 그렇게 열심히 적고 있어요?

나: 이번 주에 중요한 일들이 많은데

______________________ 메모장에 적고 있어요.

① 잊고 싶어서
② 잊어버릴까 봐
③ 잊을 리가 없어서
④ 잊어버리는 대신에

문법 2

-(으)ㄹ래야 -(으)ㄹ 수가 없다

- 동사에 붙어 어떤 행위를 하려고 하지만, 그 의도와 달리 그렇게 할 수 없음을 나타낼 때 사용한다.

가: 요즘 밤에도 정말 더운 것 같아요.
나: 네, 너무 더워서 잠을 잘래야 잘 수가 없어요.

가: 그 사람은 왜 그렇게 하는 말마다 거짓말인지 모르겠어요.
나: 맞아요. 그래서 그 사람의 말을 믿을래야 믿을 수가 없더라고요.

- 일이 너무 많아서 쉴래야 쉴 수가 없네요.
- 내가 정말 너 때문에 걱정을 안 할래야 안 할 수가 없어.

동사	받침O	-을래야 -을 수가 없다	먹을래야 먹을 수가 없다
	받침X	-ㄹ래야 -ㄹ 수가 없다	갈래야 갈 수가 없다
	ㄹ 받침		

문장을 만드세요.

보기 만나다

➡ 요즘 냔냐 씨가 너무 바빠서 만날래야 만날 수가 없어요.

1. 잊다

➡ 헤어졌지만 너무 사랑한 사람이라서 ______.

2. 가다

➡ 너무 바빠서 ______.

대화를 만드세요.

보기 가: 오늘 일이 많은가 봐요. 식사는 하셨어요?

나: 아니요. 시간이 없어서 밥을 먹을래야 먹을 수가 없네요.

1. 가: 엘레나 씨는 왜 그렇게 재미있을까요?

나: 맞아요. 엘레나 씨랑 같이 있으면 ______.

2. 가: 이번 여행은 어땠어?

나: 정말 좋았어. 아마 내 평생에 ______ 여행으로 남을 것 같아.

다음 밑줄 친 부분에 가장 알맞은 것을 고르세요.

보기 가: 음식은 입에 맞았어요? 조금 더 드세요.

나: 네, 정말 맛있어요. 저도 더 먹고 싶은데 배가 불러서 ______.

① 더 먹기로 할 거예요. ② 더 먹으려면 멀었어요.

③ 더 먹을지도 모를 거예요. ④ 더 먹을래야 먹을 수가 없어요.

대화

대화를 잘 들으세요.

이서준 엘레나 씨는 문화생활에 관심이 있나요?

엘레나 저는 맛집 탐방 다니는 것을 좋아하는데 이런 것도 문화생활이라고 할 수 있을까요?

이서준 물론이죠. 다양한 문화를 즐기는 것을 모두 문화생활이라고 할 수 있어요.

엘레나 그렇군요. 저는 블로그에서 맛집 후기들을 찾아보는 게 재미있어요. 한국어 공부도 되고 다양한 한국 음식에 대해 알게 되는 것도 너무 좋아요.

이서준 좋은 취미네요. 혹시 공연이나 영화 같은 것도 좋아해요?

엘레나 사실 저는 영화도 좋아하는 편인데 요즘 과제가 너무 많아서 영화관에 갈래야 갈 수가 없네요.

이서준 그럼 영화 구독 서비스를 이용해 보세요. 저도 이용하고 있는데 내 시간에 맞춰 볼 수 있어서 꽤 만족스러워요.

엘레나 저도 구독해 보고 싶은데 밤새 TV만 볼까 봐 아직 가입을 못 했어요.

이서준 시간 계획을 잘 세우면 괜찮을 거예요.

엘레나 그럼 한번 가입해봐야겠어요. 감사합니다.

질문에 대답하세요.

1. 엘레나 씨는 어떤 문화생활을 하고 있습니까?

2. 이서준 씨는 엘레나 씨에게 무엇을 추천했습니까?

어떤 문화생활을 하고 있나요?

대화를 만드세요.

상황 1 각자 관심이 있는 문화생활에 대해 추천하는 상황의 대화

상황 2 요즘 인기가 있는 영화에 대해 이야기하는 상황의 대화

활동

읽어 보세요.

오늘날 현대인들은 다양한 방식으로 문화생활을 즐기며 여가 시간을 보냅니다. 문화생활이란 사람들이 여가 시간을 활용해 즐기는 모든 활동을 의미합니다. 예전에는 영화나 공연 관람과 같은 단순한 활동이 대부분이었다면, 최근에는 기술의 발전과 개인의 취향에 따라 문화생활의 종류와 방식이 더욱 다양해지고 있습니다.

많은 현대인은 집에서 문화생활을 즐기곤 합니다. 온라인 스트리밍 서비스를 통해 영화를 보거나 음악을 감상하며 게임을 하거나 요리, 독서, 홈트레이닝 등을 즐깁니다. 특히 기술의 발전 덕분에 집에서도 세계 여러 나라의 문화를 경험할 수 있습니다. 온라인으로 박물관과 미술관을 관람하거나, 해외 공연을 실시간으로 감상할 수도 있습니다. 이제는 집 밖으로 나가지 않고도 편리하게 문화생활을 즐길 수 있게 되었습니다.

반면, 야외 활동을 선호하는 사람들도 많습니다. 캠핑, 등산, 달리기처럼 자연을 즐기는 활동은 몸과 마음을 건강하게 만들어 줄 뿐만 아니라 스트레스 해소에도 큰 도움이 됩니다. 또한 지역 축제나 음식 축제, 문화 축제와 같은 야외 행사도 현대인의 여가를 풍성하게 만들어 주는 인기 있는 활동 중 하나입니다. 이처럼 야외에서 사람들과 어울리는 활동은 사회적 관계를 넓히는 기회도 제공합니다.

최근에는 새로운 형태의 문화생활도 주목받고 있습니다. 메타버스 플랫폼을 활용해 가상 세계에서 친구들과 소통하거나 가상 콘서트에 참여할 수도 있습니다. 또한, 증강현실(AR)과 같은 기술을 활용한 전시회나 체험 프로그램은 전통 문화와 현대 기술을 결합한 새로운 방식으로 사람들에게 즐거움을 선사합니다. 이러한 새로운 문화생활은 기존의 한계를 넘어 더 많은 사람들이 다양한 경험을 할 수 있게 합니다.

현대인의 문화생활은 단순히 여가를 보내는 활동을 넘어 삶의 질을 높이고 스트레스를 줄이는 데 중요한 역할을 합니다. 바쁜 일상 속에서 문화생활은 사람들에게 휴식과 자기 계발의 기회를 제공하며 사람들과의 소통을 통해 사회적 관계를 형성하는 데에도 긍정적인 영향을 미칩니다.

1. 여러분은 무슨 문화생활을 해 봤습니까?

2. 여러분이 좋아하는 문화생활은 무엇입니까? 왜 좋아합니까?

3. 집에서 하는 활동과 야외 활동의 장점과 단점을 말해 보세요.

4. 새롭게 해보고 싶은 활동에 대해 이야기해 보세요.

발음 Tip

구개음화 2

한국어에서 받침이 'ㄷ'으로 끝나는 말 뒤에 '히'가 연결되면 [치]로 발음합니다. '굳히어'가 줄어 들어 '굳혀'가 되는 경우에는 [처]로 발음합니다.

굳히다[구치다],	닫히다[다치다]	묻히다[무치다]
굳혀[구처]	닫혀[다처]	묻혀[무처]

하나 더!

외래어를 발음할 때 한국어의 ㅈ, ㅊ와 비슷한 소리로 끝나는 경우에는 /ㅡ/모음이 아니라 /ㅣ/모음을 사용해서 발음합니다.

college[칼리지]	language[랭귀지]	large[라지]
beach[비치]	bench[벤치]	church[처치]

확인 점검

문화생활에 대해 이야기하는 상황에서 사용하는 단어를 알고 이해할 수 있다.	☐	☐	☐
자신이 즐겨하는 문화생활에 대해 이야기할 수 있다.	☐	☐	☐

11 문화 차이

학습 목표	문화 차이로 인한 오해나 갈등 상황을 제시하고 해결 방법을 제안할 수 있다.
주제	문화 차이
어휘와 표현	문화 차이 관련 어휘
문법	-(으)ㄴ/는 모양이다, -(으)ㄹ수록

다른 나라를 여행하거나 거주하면서 경험한 문화 차이는 어떤 것이 있나요?

한국에서 문화 차이로 인한 오해가 생긴 경험이 있나요?

어휘 · 표현

알아보세요.

문화 차이

다문화 사회

관습

편견

받아들이다

전통적

무시하다

인정하다

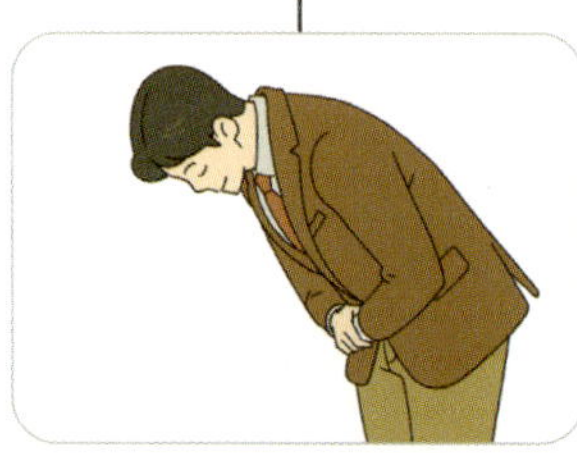

공손하다

오해하다

존중하다

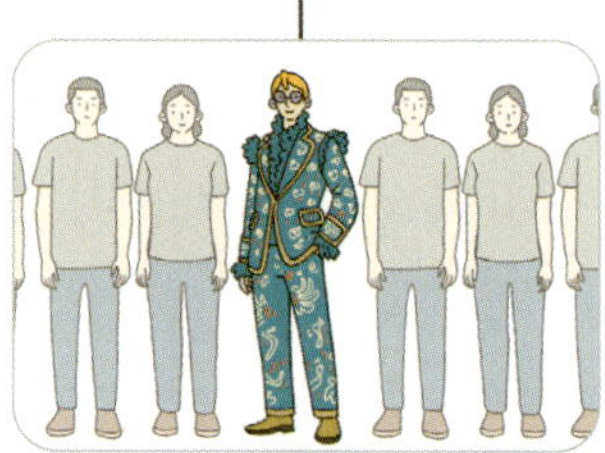

독특하다

당황하다

연결하세요.

인정하다 •	• 다른 사람이나 상황을 중요하게 생각하지 않다.
오해하다 •	• 사실이나 가치, 능력 등을 받아들이고 그것이 맞다고 생각하다.
무시하다 •	• 어떤 말이나 상황에 대해 잘못 이해하다.

빈칸에 알맞은 표현을 채우세요.

1. ____________________에서는 서로의 문화를 이해하는 것이 필요합니다.

2. 김치는 한국의 ____________________인 음식입니다.

3. 회의를 할 때는 서로의 의견을 ____________________ 좋은 대화를 나눌 수 있어요.

4. 갑작스러운 질문에 너무 ____________________ 제대로 대답을 못 했어요.

빈칸에 알맞은 표현을 채워 대화를 완성하세요.

1. 다카시: 한국도 이제 정말 ____________________이/가 되었어요.

정민수: 맞아요. 여러 나라의 사람들이 함께 살고 있죠.

2. 허지미: 혹시 간장게장을 먹어 본 적 있어요?

엘레나: 네, 처음에는 낯설어서 매우 ____________________ 음식이라고 생각했어요.

문법 1

-(으)ㄴ/는 모양이다

● 동사나 형용사, '이다, 아니다'에 붙어 어떤 상황을 근거로 하여 추측하는 말을 할 때 사용한다.

가: 민수 씨가 아직도 회사에 남아 있어요.
나: 네, 요즘 많이 바쁜 모양이에요.

가: 어, 사람들이 우산을 쓰고 가네요.
나: 그러게요. 밖에 비가 오는 모양이에요.

- 비싼 차를 타는 것을 보니까 부자인 모양이에요.
- 교실 안에 있는 학생들이 다 웃고 있는 걸 보니까 수업이 재미있는 모양이에요.

동사	-는 모양이다		먹는 모양이다
형용사	받침 O	-은 모양이다	좋은 모양이다
	받침 X	-ㄴ 모양이다	기쁜 모양이다
	ㄹ 받침		만든 모양이다

tip

직접 경험에는 쓸 수 없다.
- 수업을 들어 보니까 수업이 재미있는 모양이에요.(X)
- 수업을 들어 보니까 수업이 재미있는 것 같아요.(O)

과거와 미래를 나타낼 때는 '-(으)ㄴ 모양이다', '-(으)ㄹ 모양이다'를 사용한다.
- 땅이 젖어 있는 걸 보니까 아까 비가 온 모양이에요.
- 하늘이 흐린 걸 보니까 이따가 비가 올 모양이에요.

문장을 만드세요.

보기 비가 오다

➡ 곧 비가 올 모양이에요.

1. 수업이 재미있다

➡ ______.

2. 좋은 일이 있다

➡ ______.

대화를 만드세요.

보기 가: 아이가 계속 음식을 달라고 해요.

나: 아이가 배가 고픈 모양이에요.

1. 가: 민수 씨가 왜 저렇게 뛰어가지요?

나: ______.

2. 가: 지미 씨 표정이 아까부터 계속 어두워요.

나: ______.

다음 밑줄 친 부분에 가장 알맞은 것을 고르세요.

보기 가: 두 사람이 아무래도 무슨 일 있는 것 같지요?

나: 네, 서로 말도 안 하고 표정이 굳어 있는 걸 보니까 ______.

① 싸우게 됐어요 ② 싸울걸 그랬어요

③ 싸운 모양이에요 ④ 싸울 리가 없어요

문법 2

-(으)ㄹ수록

● 동사, 형용사, '이다'에 붙어 앞의 상황이나 정도가 더 심해질 경우 뒤의 상황이나 정도도 이에 비례하여 심해지거나 덜해짐을 나타낼 때 사용한다.

가: 새로 시작한 공부는 좀 어때요?
나: 처음에는 어려웠는데 공부할수록 재미있어지는 것 같아요.

가: 요즘 날씨가 왜 이렇게 덥지요?
나: 맞아요. 갈수록 더 더워지는 것 같아 걱정이에요.

- 벼는 익을수록 고개를 숙인다.
- 친한 사이일수록 서로 말을 조심해서 해야 합니다.

받침O	-을수록	먹을수록
받침X	-ㄹ수록	갈수록
ㄹ 받침		
이다	-일수록	부자일수록

tip 의미를 강조하여 '-(으)면 -(으)ㄹ수록'의 형태로 자주 쓰인다.
- 한국어는 공부하면 할수록 재미있어요.
- 돈이 많으면 많을수록 더 갖고 싶어요.

문장을 만드세요.

보기 사랑, 나누다, 커지다

➡ 사랑은 나눌수록 커져요.

1. 이 노래, 듣다, 기분이 좋아지다

➡ ______________________________.

2. 한국어 공부, 하다, 재미있다

➡ ______________________________.

대화를 만드세요.

보기 가: 이렇게 여행을 오니까 정말 좋네요.

나: 맞아요. 여행은 하면 할수록 더 하고 싶어지는 것 같아요.

1. 가: 링링 씨, 그 책이 재미있나 봐요.

나: 네, ______________________________.

2. 가: 친구 사이에 조심해야 할 것이 있다면 무엇일까요?

나: ______________________________.

다음 밑줄 친 부분에 가장 알맞은 것을 고르세요.

보기 가: 회사 사정도 안 좋은데 직원들도 서로 자기 생각만 하는 것 같아 큰일이에요.

나: ______________ 서로 힘을 모아야 하는데 정말 걱정되네요.

① 이런 때지만

② 이런 때일수록

③ 이런 때도 있지만

④ 이런 때일까 봐

대화

대화를 잘 들으세요.

정민수 제가 지난주에 외국인 친구를 만났는데 좀 당황스러운 일이 있었어요.
링링 왜요? 무슨 일이 있었나요?
정민수 처음 만났을 때 자연스럽게 몇 살인지 물어봤는데 그 친구가 좀 불편해하더라고요.
링링 아, 나이를 물어보는 걸 너무 개인적인 질문으로 받아들인 모양이에요.
정민수 네, 그런데 한국에서는 상대방의 나이에 따라서 쓰는 표현이 달라지잖아요.
링링 그렇죠. 그래서 한국 사람들은 나이를 묻는 게 당연하다고 생각하지만 다른 문화권의 사람이라면 오해를 할 수 있을 것 같아요.
정민수 네, 그래서 그 친구에게 한국에서는 나이를 통해 상대방을 더 잘 이해하려는 관습이 있다고 말해줬어요.
링링 그렇군요. 서로의 문화 차이를 이해하지 못하면 이런 문제가 생길 수 있죠.
정민수 네, 그 친구도 제 이야기를 듣고는 이해하는 것 같았어요.
링링 다행이네요. 문화 차이가 클수록 서로 대화를 많이 나눠야 하는 것 같아요.
정민수 네, 저도 이번 경험을 통해 배웠어요.

질문에 대답하세요.

1. 정민수 씨는 외국인 친구와 어떤 문제가 있었습니까?

2. 링링 씨는 외국인 친구가 불편하게 생각한 이유가 무엇이라고 말했습니까?

문화 차이로 인해 불편했거나 오해가 생긴 경험이 있나요?

대화를 만드세요.

상황 1 식사 문화 / 선물 문화 등에서 느낀 문화 차이에 대해 이야기하는 상황의 대화

상황 2 문화 차이로 인해 오해가 생겼을 때 해결 방법에 대해 이야기하는 상황의 대화

활동

써 보세요.

1. 여러분이 직접 겪거나 들어본 문화 차이에 대해 생각해 봅시다.

2. 한국에서 일어날 수 있는 문화 차이로 인한 오해 상황에 대해 정리해 봅시다.

3. 위에서 생각한 문제를 어떻게 해결할 수 있을지 생각해 보세요.

4. 다문화 사회에서 문화 차이로 인해 생길 수 있는 갈등을 해결하기 위해 우리가 해야 할 노력에 대해 써 보세요.

발음 Tip

'밭이랑'은 어떻게 발음해요?

'밭이랑'은 쓰는 것은 같지만 발음이 다르고 뜻도 다릅니다.

❶ 우리 동네에 오면 논이랑 밭이랑 많이 볼 수 있어요

→ 이때는 [바치랑]으로 발음합니다. 이때 '밭이랑'에서 '이랑'은 '하고'와 뜻이 같은 조사입니다.

❷ 밭을 갈아서 밭이랑을 만들었어요.

→ 이때는 [반니랑]으로 발음합니다. 이때 '밭이랑'에서 '이랑'은 논이나 밭을 갈아서 흙을 쌓아 만든 곳을 의미하는 단어입니다.

확인 점검

문화 차이에 대해 이야기하는 상황에서 사용하는 단어를 알고 이해할 수 있다.	☐	☐	☐
자신이 겪은 문화 차이에 대해 이야기할 수 있다.	☐	☐	☐

12 아르바이트

학습 목표	자신의 아르바이트 경험에 대해 말할 수 있다.
주제	아르바이트
어휘와 표현	아르바이트 관련 어휘
문법	-던, -(으)려던 참이다

아르바이트를 해본 적이 있나요?

아르바이트를 하면서 느낀 좋은 점과 나쁜 점이 있나요?

어휘 · 표현

알아보세요.

아르바이트

시급/월급

최저 임금

한꺼번에

안정적

모집하다

채용하다

대상

교대하다

서투르다

인정받다

책임감이 있다

보람을 느끼다

연결하세요.

서투르다 •	• 일정 시간이나 순서를 정해 서로 번갈아 가며 일을 맡아서 하다.
교대하다 •	• 어떤 일을 한 후에 얻은 좋은 결과로 만족스럽다.
보람을 느끼다 •	• 익숙하지 않아서 잘하지 못하고 능력이 부족하다.

빈칸에 알맞은 표현을 채우세요.

1. 이번에 우리 회사에서 새로운 직원들을 많이 ____________.
2. 너무 많은 일을 ____________ 하려고 하지 마세요.
3. 정부는 내년부터 ____________을/를 인상하기로 결정했다.
4. 민수 씨는 맡은 일을 끝까지 잘 해내는 ____________ 사람이에요.

빈칸에 알맞은 표현을 채워 대화를 완성하세요.

1. 허지미: 요즘 아르바이트하면서 많이 힘들죠?

   엘레나: 네, 하지만 손님들이 제가 만든 커피가 맛있다고 해 주시면 정말 ____________.

2. 냔냔: 요즘 다니는 회사는 어때요?

   링링: 아주 좋아요. 회사가 ____________이라서/라서 오래 다닐 수 있을 것 같아요.

문법 1

-던

● 동사나 형용사, '이다, 아니다'에 붙어 여러 번 또는 한동안 계속된 과거의 사건이나 행위, 상태를 다시 떠올림을 나타내거나, 과거의 사건, 행위, 상태가 완료되지 않고 중단되었음을 나타낸다. '-던' 앞에 오는 말과 결합하여 뒤에 오는 명사를 수식하는 관형어를 만드는 데 사용한다.

가: 어, 제가 어제 읽던 책이 안 보여요.
나: 그거 책상 위에 있던데요.

가: 눈이 많이 오던 날, 함께 눈사람을 만들었잖아요.
나: 맞아요. 그날 정말 재미있었어요.

- 그렇게 작고 귀엽던 아이가 어느새 훌쩍 커서 어른이 되었다.
- 유치원생이던 지호는 벌써 초등학생이 되었다.

받침 O	-던	많던
받침 X		주던
ㄹ 받침		

tip 과거에 일어난 일이나 상태가 현재에는 지속되지 않고 단절되었음을 나타낼 때는 완료를 나타내는 '-았/었던'으로 사용한다.

- 눈이 많이 오던 날 우리는 눈싸움을 했다.
- 눈이 많이 왔던 날 우리는 눈싸움을 했다.

- 어제 저녁에 먹던 찌개를 오늘 아침에도 먹었다. (같은 찌개)
- 어제 저녁에 먹었던 찌개를 오늘 아침에도 먹었다. (새로 만든 찌개)

문장을 만드세요.

보기 다니다 / 회사

➡ 여기는 5년 전에 제가 다니던 회사예요.

1. 많이 듣다 / 노래

➡ ____________________.

2. 친하게 지내다 / 친구

➡ ____________________.

대화를 만드세요.

보기 가: 어? 노트북 새로 샀어요? 못 보던 거네요.

나: 아, 이거요. 우리 형이 사용하던 건데 저 쓰라고 줬어요.

1. 가: 어? 여기 어제 __________ 곳이잖아요.

   나: 네, 여기 정말 맛있는 게 있다고 해서요. 오늘을 그것을 먹어 보려고요.

2. 가: 민수 씨, 혹시 저 사람 누군지 아세요?

   나: 벌써 잊어버렸어요? 지난달에 거래처에서 __________ 사람이잖아요.

다음 밑줄 친 부분에 가장 알맞은 것을 고르세요.

보기 가: 와! 카메라가 정말 멋진데요. 오래된 것 같아요.

나: 이거 우리 아빠가 __________ 카메라인데요. 40년 정도 됐대요.

① 사용하기　② 사용하던

③ 사용하도록　④ 사용한 만큼

문법 2

-(으)려던 참이다

● 동사에 붙어 어떤 행위를 하려고 하는 그 순간을 나타낼 때 사용한다.

가: 여보세요? 지미 씨?
나: 어, 민수 씨, 저도 전화하려던 참이었는데. 우리 마음이 통했네요.

가: 늦어서 미안해요. 막 나가려던 참에 택배가 와서요.
나: 괜찮아요. 저도 방금 왔어요.

- 자려던 참이었는데 친구가 전화를 해서 잠이 깼다.
- 내가 먼저 미안하다고 말하려던 참에 친구가 먼저 사과를 했다.

동사	받침 O	-으려던 참이다	먹으려던 참이다
	받침 X	-려던 참이다	가려던 참이다
	ㄹ 받침		만들려던 참이다

문장을 만드세요.

보기 전화하다

➡ 아빠한테 전화하려던 참에 아빠 전화를 받았어요.

1. 나가다

➡ 집에서 ______________ 비가 오기 시작했어요.

2. 말하다

➡ 미안하다고 ______________ 먼저 사과해줘서 고마워.

대화를 만드세요.

보기 가: 뭐하고 있었어요?

나: 지금 막 쉬려던 참이었어요.

1. 가: 저 지금 퇴근하려고 하는데, 지미 씨는 퇴근 안 하세요?

나: 어, 같이 나가요. 저도 ______________.

2. 가: 여보세요? 민수 씨? 지금 통화 가능하세요?

나: 어, 제가 지금 ______________. 제가 이따가 전화할게요.

다음 밑줄 친 부분에 가장 알맞은 것을 고르세요.

보기 가: 여보세요? 출발했어? 약속 시간에 늦으면 안 돼.

나: 알았어. 지금 막 ______________. 시간 맞춰서 갈게.

① 나갈지도 몰라 ② 나갈걸 그랬어

③ 나가려던 참이야 ④ 나가기는 틀렸어

대화

대화를 잘 들으세요.

이서준 엘레나 씨, 아르바이트를 시작했다면서요?

엘레나 네, 선생님. 안 그래도 말씀드리려던 참이에요. 지난주부터 편의점에서 일하고 있어요.

이서준 그래요? 힘들지는 않아요?

엘레나 네, 시급도 최저 임금보다는 높고 근무 시간이 길지 않아서 할 만해요.

이서준 좋네요. 엘레나 씨 이야기를 들으니 저도 대학생 때 열심히 아르바이트를 하던 기억이 떠오르네요.

엘레나 선생님께서는 어떤 일을 하셨어요?

이서준 저는 학생들을 대상으로 하는 아르바이트를 많이 했어요. 사실 처음에는 너무 서툴러서 어려움이 많았어요.

엘레나 저도 지금은 실수가 많아요. 특히 손님들이 한꺼번에 많이 올 때는 당황해서 어떻게 해야 할지 모르겠더라고요.

이서준 그렇죠. 그래도 계속 하다 보면 익숙해질 거예요.

엘레나 네, 손님들이 친절하다고 해주실 때마다 보람을 느껴요.

이서준 그런 말이 큰 도움이 되죠. 힘내요.

질문에 대답하세요.

1. 엘레나 씨는 어떤 아르바이트를 하고 있습니까?

2. 엘레나 씨는 아르바이트를 하면서 어떤 어려움이 있습니까?

친구들에게 추천하고 싶은 아르바이트가 있나요?

대화를 만드세요.

상황 1 아르바이트 면접을 보는 상황에서 사장님과 지원자의 대화

상황 2 아르바이트에서 겪은 어려움에 대해 이야기하는 상황의 대화

활동

써 보세요.

1. 여러분은 아르바이트를 해 본 적이 있습니까?

2. 어떤 아르바이트를 했습니까? 그 아르바이트는 어땠습니까?

3. 여러분은 아르바이트를 고를 때 무엇이 가장 중요합니까?(예. 시급, 근무 시간, 근무 환경, 경력 등)

4. 아르바이트를 할 때 고려해야 하는 것에 대해 써 보세요.

발음 Tip

'원진아! 민수야!'

한국어에서 사람을 부를 때 사람 이름 뒤에 '아/야'를 넣어서 발음합니다.

❶ '원진아'에서처럼 사람 이름이 받침으로 끝나면 '아'를 연결해서 '원진아'로 부릅니다. 자음 뒤에는 모음이 오는 것이 자연스럽기 때문입니다.

❷ '민수야'에서처럼 사람 이름이 모음으로 끝나면 '야'를 연결해서 '민수야'로 부릅니다. '민수'에서 마지막에 /ㅜ/로 끝납니다. 이렇게 모음 뒤에 다시 '아'와 같이 모음이 오면 비슷한 소리가 연속으로 나옵니다. 이를 피하기 위해 '야'와 같이 조금 다르게 해서 '민수야'로 사용하는 것입니다.

확인 점검

아르바이트에 대해 이야기하는 상황에서 사용하는 단어를 알고 이해할 수 있다.	☐	☐	☐
자신이 경험한 아르바이트에 대해 이야기할 수 있다.	☐	☐	☐

13 졸업과 진로

학습 목표	졸업과 진로에 대한 자신의 계획을 말하고 의견을 표현할 수 있다.
주제	졸업과 진로
어휘와 표현	졸업과 진로 관련 어휘
문법	-아/어 버리다, -(으)ㄹ지 고민이다

졸업 후 어떤 진로를 선택하고 싶나요? 그 이유는 무엇인가요?

진로를 선택할 때 가장 중요하게 생각하는 것은 무엇인가요?

어휘 · 표현

알아보세요.

졸업과 진로

목표를 세우다

사회 진출

재능

마음먹다

일자리를 구하다

저마다

해내다

경제적 독립

망설이다

꿈을 이루다

청년 실업

억지로

연결하세요.

재능 •	• 어떤 결정을 내리기 전에 고민하다.
망설이다 •	• 자신의 의지나 자연스러운 흐름과는 반대로 강제로
억지로 •	• 특정 분야에 가진 뛰어난 능력이나 소질

빈칸에 알맞은 표현을 채우세요.

1. 사람들은 ______________ 다른 취미를 가지고 있어요.
2. 이직을 하기로 ______________ 매일 일자리를 알아보고 있어요.
3. 우리 팀은 이번 프로젝트를 성공적으로 ______________.
4. 청년들은 보통 첫 ______________에 대한 두려움을 가지고 있습니다.

빈칸에 알맞은 표현을 채워 대화를 완성하세요.

1. 엘레나: 새해에는 더 열심히 살려고요.

   링링: 좋은 생각이에요. 구체적인 ______________ 것이 어때요?

2. 다카시: 안색이 왜 이렇게 안 좋아요?

   정민수: 어제 회식에서 안 좋아하는 술을 ______________ 마셨더니 속이 좀 안 좋아서요.

문법 1

-(으)ㄹ지 고민이다

- (동사에 붙어) 어떤 행동을 망설이는 것을 나타낼 때 사용한다.

가: 반 모임을 어디에서 할지 고민이에요.
나: 왜요? 지난번에 모였던 곳이 예약이 안 된대요?

가: 모처럼 시간이 생겼는데 무엇을 할지 고민이에요.
나: 머리도 식힐 겸 영화를 보는 게 어때요?

- 명절 때 부모님께 선물을 할지 돈으로 드릴지 고민하고 있어요.
- 괜히 사이가 멀어질까 봐 말을 할지 말지 고민이에요.

받침 O	-을지 고민이다	먹을지 고민이다
받침 X	-ㄹ지 고민이다	갈지 고민이다
ㄹ 받침		

tip 일반적으로 형용사와 결합이 불가능하나 제한적으로 '좋다', '괜찮다'와 결합하여 쓰일 수 있다.

- 부모님 선물로 뭐가 좋을지 고민이에요.
- 한국어 공부를 혼자 해도 괜찮을지 고민이에요.

문장을 만드세요.

보기 저녁 회식을 어디에서 할까요? 고민이에요.

➡ 저녁 회식을 어디에서 할지 고민이에요.

1. 영화를 누구하고 볼까요? 고민이에요.

➡ ______________________________.

2. 대학원에 갈까요? 말까요? 고민이에요.

➡ ______________________________.

대화를 만드세요.

보기 가: 집들이 때 무슨 음식을 하면 좋을까요?

나: 그러게요. 무슨 요리를 하면 좋을지 고민이에요.

1. 가: 김 선생님 결혼식에는 어떻게 하기로 하셨어요?

나: 아직 결정을 못했어요. ______________________________.

2. 가: 졸업 후에 어떻게 할지 결정했어요?

나: 그게, 바로 취직을 할지 대학원에 ______________________________.

다음 밑줄 친 부분과 바꾸어 쓸 수 있는 것을 고르십시오.

보기 가: 신제품이 예쁘긴 한데 가격이 조금 비싼 것 같아요.

나: 그러게요. 그래서 저도 살지 말지 고민하고 있어요.

① 살까 말까 ② 사나 마나

③ 사기는 해도 ④ 사는 둥 마는 둥

문법 2

-아/어 버리다

- 동사에 붙어 어떤 행위를 완전히 끝내서 아무것도 남지 않거나 그 일이 어찌할 수 없는 상태로 바뀌었음을 나타낼 때 사용한다.

가: 와! 새로 산 핸드폰이에요?
나: 멋있지요? 비싸서 좀 고민했는데 그냥 사 버렸어요.

가: 링링 씨는 만났어요?
나: 아니요. 아무래도 기다리다가 먼저 가 버린 것 같아요.

- 치킨이 남아서 냉장고에 넣어 뒀는데 동생이 다 먹어 버렸어요.
- 어제 시험 공부를 하다가 너무 피곤해서 그냥 자 버렸어요.

동사	ㅏ,ㅗ	-아 버리다	가 버리다
	ㅏ,ㅗ 이외	-어 버리다	먹어 버리다
	하다	-해 버리다	시작해 버리다

tip

과거 '-었-', 미래· 추측의 '-겠-'이 '-어' 앞에 붙지 않는다.

- 이 책까지 다 읽었어 버려요. (X)
- 이 책까지 다 읽겠어 버려요. (X)

'그냥'이나 '다'와 잘 어울려 쓰인다.

- 머리가 아파서 그냥 자 버렸어요.
- 남기지 말고 다 먹어 버려.

문장을 만드세요.

보기 말하다

➡ 말을 할까 말까 많이 생각하다가 그냥 다 말해 버렸어요.

1. 먹다

➡ 제 동생이 친구 생일 케이크를 그만 ______.

2. 자다

➡ 일찍 일어나려고 했는데 알람을 끄고 또 ______.

대화를 만드세요.

보기 가: 왜, 혼자 오세요? 다카시 씨는요?

나: 제가 기다리다가 다카시 씨가 안 와서 저 먼저 와 버렸어요.

1. 가: 그 책이 그렇게 재미있어요?

나: 네, 너무 재미있어서 하루 만에 ______.

2. 가: 여보세요? 냔냔 씨, 버스는 잘 탔어요?

나: 아니요. 정말 열심히 뛰어 갔는데 버스가 ______.

다음 밑줄 친 부분에 가장 알맞은 것을 고르세요.

보기 가: 아무래도 가구들을 한번 정리해야 할 것 같아요.

나: 좋아요. 이번 주말에 안 쓰는 것들은 다 ______.

① 치우는 모양이에요 ② 치워 버려야겠어요

③ 치우려면 멀었어요 ④ 치워 놓을 걸 그랬어요

대화

대화를 잘 들으세요.

김윤서 엘레나 씨, 졸업 후의 계획이 있어요?

엘레나 아니요, 아직 정해진 것은 없어요. 한국에서 제가 좋아하는 미용 쪽의 공부를 더 할지 아니면 고향으로 돌아가서 바로 취직을 할지 고민이에요.

김윤서 그동안 미용사 자격증도 따고 열심히 했는데 이대로 고향에 돌아가 버리면 아쉬울 것 같아요.

엘레나 네, 그래서 계속 고민이 돼요.

김윤서 제가 보기에 엘레나 씨는 미용에 재능이 뛰어난 것 같아요. 계속 공부를 해보는 게 어때요?

엘레나 저도 그러고 싶지만 빨리 경제적 독립을 하고 싶기도 하고요.

김윤서 그럼 둘 다 할 수 있는 방법은 없을까요? 한국에서 미용 관련 회사에 취직을 하면 되잖아요.

엘레나 제가 과연 잘할 수 있을까요?

김윤서 두 마리 토끼를 잡는 것이 쉽지는 않겠지만 엘레나 씨라면 잘 해낼 수 있을 거예요.

엘레나 그렇게 말씀해 주시니 자신감이 조금 생기네요. 그럼 한국에서 일도 하고 공부도 하면서 제 꿈을 더 키워 나가 볼게요.

김윤서 좋은 생각이에요. 항상 응원할게요.

질문에 대답하세요.

1. 엘레나 씨는 어떤 고민을 하고 있습니까?

2. 김윤서 씨는 엘레나 씨에게 어떤 방법을 추천했습니까?

졸업 후의 계획이 있나요?

대화를 만드세요.

상황 1 대학교를 졸업한 후의 진로 선택에 대해 이야기하는 상황의 대화

상황 2 대학원 진학과 취업, 두 가지 사이에서 고민하는 상황의 대화

활동

써 보세요.

1. 여러분은 꿈이 있나요? 미래에 무엇을 하고 싶나요?

2. 지금 생각하고 있는 자신의 졸업 후 진로 계획에 대해 이야기해 보세요.

3. 여러분은 진로를 결정할 때 가장 중요하게 생각하는 것이 무엇인가요?
(예 재능, 안정성, 경제적인 부분 등)

4. 진로를 결정할 때 고려해야 하는 것에 대해 써 보세요.
(예 재능, 안정성, 경제적인 부분 등)

발음 Tip

우리 집은 멀어요 VS 우리 집은 멀~~~어요.

위의 문장을 발음해 봅시다. 누가 더 멀리 살까요? 한국어에서는 말맛을 살리기 위해 형용사와 부사를 일부러 길게 말하는 경우가 있습니다. 이를 '표현적 장음'이라고 합니다.

빌딩이 정말 높다[놉따]	VS	빌딩이 정말 높다[놉:따]
제가 훨씬[훨씬] 많이 먹었어요.	VS	제가 훨씬[훨:씬] 많이 먹었어요.
방이 깨끗하다[깨끄타다].	VS	방이 깨끗하다[깨:끄타다].
정말 예쁘다[예쁘다].	VS	정말 예쁘다[예:쁘다].

위의 '높다'에서 '높-'을 길게 발음하면 다른 빌딩보다 더 높은 느낌을 줄 수 있습니다. 그리고 '훨씬'에서도 '훨'을 길게 발음하면 뒤에 나오는 말을 더 강조해 주는 느낌을 줄 수 있습니다. '깨끗하다'와 '예쁘다'에서 '깨'와 '예'를 길게 하면 더 깨끗하고 더 예쁘다는 의미를 더해 줄 수 있습니다.

확인 점검

졸업과 진로에 대해 이야기하는 상황에서 사용하는 단어를 알고 이해할 수 있다.	☐	☐	☐
자신의 졸업 후 진로 계획에 대해 이야기할 수 있다.	☐	☐	☐

14 새해 소망

학습 목표	자신의 새해 소망에 대해 말할 수 있다.
주제	새해 소망
어휘와 표현	새해 소망 관련 어휘
문법	-(으)ㄹ 텐데, -는 바람에

올해 꼭 이루고 싶었던 꿈이나 계획이 있었나요?
그 꿈을 이루었나요?

내년에는 어떤 목표를 세웠나요?

어휘 · 표현

알아보세요.

새해 소망

소원을 빌다

반성하다

설레다

다짐

극복하다

아쉽다

간절하다

나아가다

어느덧

내 집 마련

달성하다

유난히

연결하세요.

설레다 •	• 마음이 두근거리며 기대감을 느끼다.
반성하다 •	• 기대에 미치지 못하거나 원하는 대로 되지 않아서 부족함이나 후회를 느끼다.
아쉽다 •	• 자신의 잘못이나 행동을 되돌아보고 고치려고 생각하다.

빈칸에 알맞은 표현을 채우세요.

1. 여행을 시작한 게 엊그제 같은데 ________________ 한 달이 지났다.

2. 오랜 준비 끝에 드디어 마라톤 완주라는 목표를 ________________.

3. 오늘은 ________________ 바쁜 하루였지만 모든 일이 무사히 마무리되었다.

4. 좋은 대학에 입학하기 위해 ________________ 마음으로 공부했어요.

빈칸에 알맞은 표현을 채워 대화를 완성하세요.

1. 링링: 오늘 밤에 큰 보름달이 뜰 거래요.

냔냔: 그래요? 보름달을 보며 ____.

2. 이서준: 시험 준비로 스트레스가 많지요?

엘레나: 네, 하지만 계획을 세우고 하나씩 해나가면서 스트레스를 많이

____.

-(으)ㄹ 텐데

● 동사나 형용사, '이다, 아니다'에 붙어 어떤 내용에 대한 말하는 사람의 추측을 나타낸다. 뒤 절에는 추측한 내용과 관련되거나 반대되는 내용을 제시한다.

가: 오늘 날씨 어떨까요? 우산을 안 가지고 가도 될까요?
나: 오후에 비가 올 텐데 가지고 가세요.

가: 어제 일하느라 피곤했을 텐데 밤늦게까지 공부를 하다가 잤어요?
나: 네, 피곤했지만 공부가 재미있어서 괜찮았어요.

- 선생님, 바쁘실 텐데 시간 내 주셔서 감사합니다.
- 20살 생일에 어머니께 받은 목걸이면 소중한 것일 텐데 잘 보관하세요.

받침 O	-을 텐데	찾을 텐데
받침 X	-ㄹ 텐데	갈 텐데
ㄹ 받침		

tip 과거 '-었-'과는 결합하지만 미래·추측의 '-겠-'과는 결합하지 않는다.
- 밥을 먹었을 텐데 배가 또 고프다고요? (o)
- 밥을 먹겠을 텐데 간식을 먹지 말자. (x)

'-을 텐데'의 뒤 절이 생략되어 추측만 나타내기도 한다.
- 좀 앉으세요. 계속 서 있으면 다리가 아플 텐데요.
- 좀 더 있다가 가. 지금 집에 가도 아무도 없을 텐데.

문장을 만드세요.

보기 차가 많이 막히다 / 이따가 가다

➡ 지금 가면 퇴근 시간이라 차가 많이 막힐 텐데 이따가 가요.

1. 같이 가면 좋다 / 아쉽다

➡ 공연장에 링링 씨도 ______.

2. 상자가 무겁다 / 도와 드릴까요?

➡ ______.

대화를 만드세요.

보기 가: 밖이 좀 시끄럽네요. 창문을 닫을까요?

나: 여름이라 창문을 닫으면 더울 텐데 열어 놓는 게 좋겠어요.

1. 가: 오늘 점심은 매콤한 김치찌개를 먹는 게 어때요?

나: 에릭 씨는 ______ 안 매운 삼계탕이 어떨까요?

2. 가: 다음 주가 시험인데 정말 걱정이에요.

나: 혼자 ______ 같이 공부하는 게 어때요?

다음 밑줄 친 부분에 가장 알맞은 것을 고르세요.

보기 가: 요즘 날씨가 정말 더운 것 같아요.

나: 그러게요. 이럴 때 비라도 시원하게 내리면 ______.

① 좋기는요 ② 좋다니요?

③ 좋을 텐데요 ④ 좋았으면 해요

문법 2

-는 바람에

- 동사에 붙어 앞의 어떤 원인이나 이유로 인해 생긴 부정적인 결과 또는 예상치 못한 결과가 뒤에 나올 때 사용한다. 주로 부정적인 결과의 원인이나 이유를 나타낸다.

가: 왜 연락이 안 돼요? 무슨 일이 생긴 줄 알고 걱정했어요.
나: 미안해요. 휴대폰을 잃어버리는 바람에 전화할 수가 없었어요.

가: 여행은 잘 다녀왔어요?
나: 아니요. 갑자기 태풍이 오는 바람에 여행이 취소됐어요.

- 제가 약속을 안 지키는 바람에 엘레나 씨가 화가 났어요.
- 달리다가 넘어지는 바람에 1등을 못했어요.

받침 O	-는 바람에	먹는 바람에
받침 X		가는 바람에
ㄹ 받침		노는 바람에

tip 연결 기능만 하고 문장을 끝내는 형태로는 사용할 수 없다.
- 버스가 늦게 도착하는 바람에 지각을 했어요. (O)
- 지각을 한 것은 버스가 늦게 도착하는 바람이에요. (X)

과거 '-었-', 미래·추측의 '-겠-'과 결합하지 않는다.
- 일찍 잤는 바람에 드라마를 못 봤어요. (x)
- 일찍 자겠는 바람에 드라마를 못 볼 것 같아요. (x)
- 요즘 일찍 자는 바람에 드라마를 못 봐요. (o)

문장을 만드세요.

보기 늦게 일어나다

➡ 늦게 일어나는 바람에 ______ 지각을 했어요.

1. 비가 오다

➡ 외출하는데 갑자기 ______ 옷이 다 젖어 버렸어요.

2. 상한 음식을 먹다

➡ 친구 결혼식에서 ______ 배탈이 났어요.

대화를 만드세요.

보기 가: 왜 숙제를 못 했어요?

나: 어제 친구하고 늦게까지 노는 바람에 ______ 숙제를 못 했어요.

1. 가: 라면은 사 왔어요?

나: 아니요. 마트가 일찍 ______ 라면을 못 샀어요.

2. 가: 왜 벌써 왔어요? 산책하러 간다면서요?

나: 갑자기 ______ 산책을 할래야 할 수가 없었어요.

다음 밑줄 친 부분에 가장 알맞은 것을 고르세요.

보기 가: 왜 이렇게 늦었어요?

나: 미안해요. 회의가 ______ 많이 늦었어요.

① 늦게 끝난대서
② 늦게 끝날 뻔해서
③ 늦게 끝나는 바람에
④ 늦게 끝난 걸 보니까

대화

대화를 잘 들으세요.

링링	곧 새해라니 벌써 마음이 설레네요.
정민수	저도요. 새해 소원을 빌던 게 얼마 전 같은 데 어느덧 연말이네요.
링링	민수 씨는 올해 초에 어떤 소원을 빌었는지 기억나요?
정민수	네, 저는 올해 내 집 마련을 꼭 하고 싶었는데 집값이 너무 오르는 바람에 목표를 이루지 못했어요.
링링	아쉽겠네요. 내년에는 잘 될 거예요.
정민수	고마워요. 링링 씨는 올 한 해가 어땠어요?
링링	저는 취직에 성공해서 기뻤지만 학업을 병행해야 해서 그런지 유난히 힘든 한 해를 보낸 것 같아요.
정민수	그랬겠네요. 그래도 그만큼 한 단계 더 성장했을 거예요.
링링	네, 하지만 너무 바빠서 가족들과 함께하는 시간이 부족했던 것이 좀 아쉬워요.
정민수	가족과 함께하는 시간이 정말 소중하죠. 내년에는 조금 더 여유를 가지면서 시간을 보내면 좋겠어요.
링링	내년에는 회사 일이 더 많아질 텐데 올해처럼 후회하지 않으려면 시간 관리에 더 신경을 써야겠어요.
정민수	맞아요. 우리 둘 다 새해에는 원하는 것을 모두 이룰 수 있으면 좋겠네요.

질문에 대답하세요.

1. 민수 씨의 올해 목표는 무엇이었습니까?

2. 링링 씨는 내년에 어떤 다짐을 했습니까?

여러분의 새해 소망은 무엇입니까?

대화를 만드세요.

상황 1 친구와 자신의 새해 소망에 대해 이야기하는 상황의 대화

상황 2 직장 동료와 올해를 돌아보고 내년의 소망과 계획에 대해 이야기하는 상황의 대화

활동

써 보세요.

1. 여러분의 새해 소망에 대해 생각해 봅시다.

2. 올해 하고 싶었는데 이루지 못한 소망에 대해 이야기해 봅시다.

3. 내년 새해 소망을 이루기 위한 계획을 구체적으로 정리해 봅시다.

4. 새해에 이루고 싶은 소망에 대해 써 보세요.

발음 Tip

뭐 먹을래? VS 뭐 먹을래?

한국어는 문장의 종류에 따라 억양을 다르게 발음합니다. '밥 먹었어요?'와 같이 다른 사람에게 물어보는 문장을 문장의 마지막을 올려서 발음합니다. 그런데 '언제/누구/무엇/어디'와 함께 쓰는 말은 억양에 따라서 의미가 다릅니다.

민수 : 뭐 먹을래? 지미 : 난, 비빔밥 먹을래.	민수 : 뭐 먹을래? 지미 : 그래 좋아. 배고프네.

위의 대화에서 민수는 똑같이 물어보고 있습니다. 그런데 지미의 대답이 다릅니다. 첫 번째 대화에서 민수는 문장의 마지막을 올리지 않고 물어봅니다. 이는 무엇을 먹을 것인지 설명해 달라는 의미입니다. 그래서 지미는 비빔밥을 먹는다고 한 것입니다. 그런데 두 번째 대화에서 민수는 '뭐'를 말하고 살짝 쉬었다가 '먹을래?'의 마지막을 올려서 물어옵니다. 이는 무엇인지는 잘 모르겠지만 무언가를 먹을 것이냐고 묻는 것이고 그래서 지미는 좋다고 대답하고 있는 것입니다.

확인 점검

새해 소망에 대해 이야기하는 상황에서 사용하는 단어를 알고 이해할 수 있다.	☐	☐	☐
자신의 새해 소망에 대해 이야기할 수 있다.	☐	☐	☐

15 문화와 복습 2

학습 목표 한국의 동전과 지폐에 담긴 상징과 역사적 의미를 이해할 수 있다.

여러분은 한국 돈을 사용해 봤습니까?

한국 화폐에서 본 그림이나 인물에 대해 이야기해 봅시다.

문화

읽어 보세요.

화폐는 단순히 거래 수단을 넘어, 역사와 문화를 담은 상징물로 여겨집니다. 한국의 화폐에도 한국의 역사적 의미와 문화가 담겨 있습니다. 한국의 동전과 지폐가 각각 지니고 있는 특별한 의미를 알아봅시다.

먼저, 동전은 10원, 50원, 100원, 500원의 네 종류가 있습니다. 가장 작은 10원짜리 동전에는 유구한 역사의 아름다움을 지닌 불국사의 다보탑이 새겨져 있습니다. 50원짜리에는 벼 이삭이 새겨져 있는데 이는 한국이 예로부터 농경을 중시했음을 보여 줍니다. 그리고 100원짜리 동전에는 조선시대에 큰 전쟁에서 적들로부터 나라를 지킨 영웅 이순신 장군의 초상이 있습니다. 그리고 500원짜리에는 학이 그려져 있는데 학은 아름다운 자태와 청청한 울음소리로 한국에서 '행복'과 '장수'의 상징으로 여겨지는 새입니다.

다음으로 한국 지폐에는 1,000원, 5,000원, 10,000원, 50,000원의 네 가지가 있는데 각 지폐는 한국의 역사적 인물과 업적을 나타내고 있습니다. 우선 1,000원과 5,000원 지폐에는 조선 시대를 대표하는 유학자들의 초상화와 업적이 담겨 있습니다. 1,000원 짜리에는 퇴계 이황이 있고 5,000원짜리에는 율곡 이이를 담고 있습니다. 이는 한국에서 학문과 교육의 중요성을 상징합니다.

또한, 10,000원짜리 지폐에는 조선의 제4대 왕이자 한국 역사에서 가장 존경받는 인물인 세종대왕의 초상이 그려져 있습니다. 세종대왕은 한글을 창제했으며 한국의 문화와 학문의 발전에 대단히 큰 영향을 미쳤습니다. 10,000원짜리 지폐의 뒷면에는 세종대왕의 과학적 업적을 기리는 혼천의와 해시계가 그려져 있습니다. 혼천의는 별과 해, 달의 움직임을 관찰하는 기구이며 해시계는 해의 그림자로 시간을 측정하는 도구입니다. 이를 통해 세종대왕의 여러 분야에 걸친 업적과 국가 발전을 위한 노력을 알 수 있습니다.

한국 화폐 중에 액수가 가장 큰 50,000원짜리 지폐에는 조선 시대를 대표하는 예술가이자 교육자인 신사임당이 담겨 있습니다. 신사임당은 글과 그림, 교육에 있어서 뛰어난 능력을 발휘해 조선 여성의 상징적인 인물로 자리 잡았습니다. 특히 신사임당의 예술 작품은 자연을 섬세하고 아름답게 표현한 것으로 유명합니다. 지폐의 뒷면에서 신사임당의 대표적인 작품인 초충도를 볼 수 있습니다.

이렇듯 한국의 화폐는 한국의 역사와 문화를 깊이 이해할 수 있는 창구가 될 수 있습니다. 한국 동전과 지폐에 담긴 인물과 상징을 통해 한국의 전통과 가치를 엿볼 수 있습니다. 한국을 여행하면서 화폐 안에 담겨 있는 한국의 역사와 문화 이야기를 함께 즐겨 보세요.

질문에 대답하세요.

1. 한국의 화폐 종류에는 무엇이 있습니까?

2. 한국의 각 지폐에 담긴 인물은 누가 있습니까?

여러분 나라의 화폐에는 어떤 인물이나 그림이 있습니까?

복습

다음 문제를 풀어 보세요.

※ [1~10] 다음 (　　　)에 알맞은 것을 고르십시오.

1. 이번 달에는 전기 사용량이 많아서 (　　　　　)이/가 많이 나왔다.

① 학비　　② 전세　　③ 등록금　　④ 관리비

2. 온라인 신문을 (　　　　　) 매일 이메일로 뉴스가 온다.

① 구독하면　　② 모집하면　　③ 참석하면　　④ 설명하면

3. 회사는 면접을 통해 적합한 사람을 (　　　　　) 결정했다.

① 인정하기로　　② 채용하기로　　③ 조사하기로　　④ 지원하기로

4. 그는 내 조언을 (　　　　　) 자기 마음대로 행동했다.

① 존중하고　　② 집중하고　　③ 무시하고　　④ 확인하고

5. 좋은 기회가 왔을 때 (　　　　　) 말고 빠르게 잡아야 한다.

① 흔들지　　② 이루지　　③ 취소하지　　④ 망설이지

6. 다른 문화에 대해 (　　　　　)을/를 가지지 않도록 주의해야 한다.

① 편견　　② 관습　　③ 전통　　④ 관점

7. 설거지를 계속 미루다가 오늘 (　　　　　) 그릇들을 씻었다.

① 꾸준히　　② 오히려　　③ 아무래도　　④ 한꺼번에

8. 첫 여행을 앞두고 마음이 (　　　　　) 잠을 이루지 못했다.

① 설레서　　② 간절해서　　③ 만족해서　　④ 감동적이라서

9. 이번 시험에는 꼭 합격하겠다는 (　　　　　)로/으로 열심히 공부했다.

① 달성　　② 다짐　　③ 마련　　④ 약속

10. 너무 피곤했지만 (　　　　) 눈을 뜨고 공부를 했다.

① 훨씬　② 억지로　③ 자세히　④ 슬며시

※ [11~12] 다음 밑줄 친 부분과 의미가 비슷한 것을 고르십시오.

11. 링링 씨의 방은 언제나 <u>정리가 잘 되어 있다</u>.

① 단순하다　② 세련되다　③ 깔끔하다　④ 꼼꼼하다

12. 일이 끝나고 <u>시간이 남을 때</u> 취미 생활을 즐긴다.

① 바쁠 때　② 차분할 때　③ 완벽할 때　④ 여유가 있을 때

※ [13~14] 다음 밑줄 친 부분과 의미가 <u>반대인</u> 것을 고르십시오.

13. 그는 요리를 처음 배워서 칼질이 <u>서투르다</u>.

① 느리다　② 부족하다　③ 익숙하다　④ 어색하다

14. 나는 <u>꿈을 이루기 위해</u> 매일 밤늦게까지 연습을 했다.

① 해내다　② 포기하다　③ 마음먹다　④ 극복하다

※ [15~20] 다음 (　　　　)에 알맞은 것을 고르십시오.

15. 가: 아침에 학교에 (　　　　) 아무도 없어서 그냥 돌아왔어요.
나: 오늘 공휴일인 것을 깜박하셨나 보네요.

① 갔다가　② 갈까 봐
③ 가느라고　④ 가는 바람에

16. 가: 날씨가 (　　　　) 옷을 더 따뜻하게 입어야 해.
나: 맞아. 감기 걸리지 않게 조심하자.

① 춥다며　② 추울지도
③ 추울수록　④ 추운 데다가

복습

17.
가: 이제 집안일도 잘하시네요.
나: 네, 매일 조금씩 (　　　) 이제는 익숙해졌어요.

① 해도　② 하던데
③ 하려면　④ 하다 보니

18.
가: 링링 씨, 자동차 사려고요?
나: 네, 그런데 생각보다 돈이 많이 들 것 같아서 (　　　) 고민이에요.

① 사는　② 사려던
③ 사는 줄　④ 살지 말지

19.
가: 짐은 다 챙겼어?
나: 응, 중요한 것들은 (　　　) 가방에 따로 넣어 놨어.

① 잃어버리다가　② 잃어버리니까
③ 잃어버릴까 봐　④ 잃어버릴 뻔해서

20.
가: 어제 많이 (　　　) 잘 쉬었어요?
나: 네, 푹 자니까 괜찮아졌어요.

① 피곤할수록　② 피곤했다가
③ 피곤한 바람에　④ 피곤했을 텐데

※ [21~22] 다음 밑줄 친 부분과 의미가 비슷한 것을 고르십시오.

21.
가: 기차를 잘못 <u>타서</u> 여행 일정이 엉망이 됐어요.
나: 그랬군요. 다음에는 티켓을 더 꼼꼼히 확인하는 것이 좋겠어요.

① 탈 뻔해서　② 타는 바람에
③ 타는 걸 보니까　④ 탈 수밖에 없어서

22.
가: 음식이 너무 매워서 <u>도저히 못 먹겠어요</u>.
나: 저도요. 다음에는 덜 맵게 해달라고 해야겠어요.

① 먹어 버렸어요　② 먹는 모양이에요
③ 먹을 수밖에 없어요　④ 먹을래야 먹을 수가 없어요

※ [23~24] 다음 밑줄 친 부분이 틀린 것을 고르십시오.

23. ① 지금쯤 도착했을 텐데 왜 아직 연락이 없지?

② 전화를 안 받는 걸 보니 지금 바쁜 모양이다.

③ 이벤트에 당첨이 된 바람에 해외여행을 다녀왔다.

④ 어렸을 때 자주 가던 공원을 오랜만에 다시 방문했다.

24. ① 길이 막힐까 봐 일찍 출발했다.

② 백화점에서 옷을 샀다가 마음에 안 들어서 환불했다.

③ 숙제를 미리 끝내 버려서 오늘은 여유롭게 쉴 수 있었다.

④ 자주 대화를 하다 보니까 서로를 더 잘 이해하게 될 것이다.

※ [25~26] 다음을 읽고 물음에 답하십시오.

가: 식당 아르바이트는 처음인데 잘하실 수 있겠어요?

나: 네, 제가 예전에 카페에서 (㉠) 일과 비슷해서 금방 배울 수 있습니다.

가: 그렇군요. 본인 성격의 장점은 무엇인가요?

나: 저는 (㉡) 성격입니다. 맡은 일은 끝까지 해낼 자신이 있습니다.

가: 알겠습니다. 면접에 와 주셔서 감사합니다. 연락드리겠습니다.

25. ㉠에 알맞은 것을 고르십시오.

① 하는　② 하던　③ 하려는　④ 할 만한

26. ㉡에 알맞은 것을 고르십시오.

① 긍정적인　② 자신감이 있는

③ 보람을 느끼는　④ 책임감이 있는

16 종합 연습

다음 문제를 풀어 보세요.

※ [1~5] 다음 (　　)에 알맞은 것을 고르십시오.

1. 추천해 주신 카페에 가봤는데 분위기가 아주 (　　　).

① 좋대서요　② 좋던데요　③ 좋으니까요　④ 좋을 거예요

2. 그 가수가 라이브를 (　　　) 콘서트에 꼭 가보고 싶어요.

① 잘한대서　② 잘했다가　③ 잘할까 봐　④ 잘하는 줄 알고

3. 자격증이 (　　　) 면접에서 높은 점수를 받을 수 있어요.

① 많던　② 많은데　③ 많으려고　④ 많을수록

4. 연말이라서 많이 (　　　) 도와줘서 고마워요.

① 바빠야　② 바쁘다니　③ 바쁠 텐데　④ 바쁜 바람에

5. 교실에 불이 (　　　) 아직 아무도 안 왔나 봐.

① 꺼지느라　② 꺼졌다가　③ 꺼지더니　④ 꺼진 걸 보니

※ [6~10] 밑줄 친 부분과 의미가 가장 비슷한 것을 고르십시오.

6. 버스가 끊겨서 <u>걸어갈 수밖에 없었어요</u>.

① 걸어갈 뻔하다　② 걸어가야 했다
③ 걸어갈 수 있다　④ 걸어가는 줄 알았다

7. 아이들이 조용한 걸 보니 자는 모양이에요.

① 자나 보다　② 자면 안 된다
③ 잔다고 했다　④ 잘지 고민이다

8. 예전 사진들을 다 지워 버리고 후회했어요.

① 지우던　② 지운대서
③ 지우다가　④ 지우고 나서

9. 급하게 서두르는 바람에 중요한 서류를 놓고 왔어요.

① 서두르면　② 서두른 탓에
③ 서두를까 봐　④ 서두를 뻔해서

10. 햇빛이 너무 뜨거워서 해수욕을 할래야 할 수가 없었어요.

① 할 뻔하다　② 하지 못했다
③ 할 줄 알았다　④ 할 수밖에 없었다

※ [11~12] 다음 글 또는 그래프의 내용과 같은 것을 고르십시오.

11.

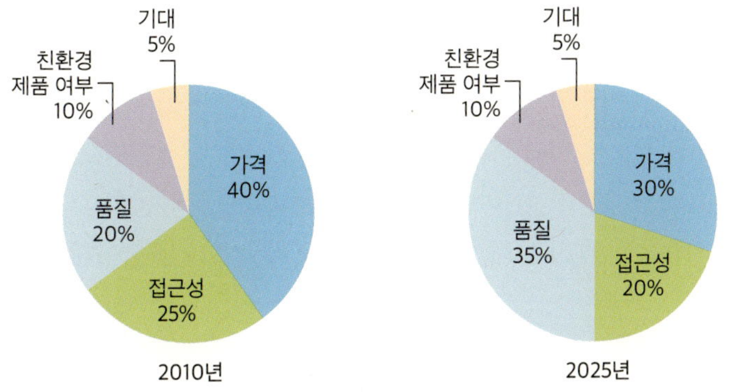

① 2010년에 비해 2025년에는 가격의 중요도가 10% 감소했다.
② 마트를 선택하는 기준 중 접근성이 차지하는 비율이 늘었다.
③ 사람들을 마트를 선택할 때 예전에 비해 가격을 더 고려한다.
④ 2025년에는 친환경 제품 여부가 가장 중요한 기준으로 나타났다.

종합 연습

12. 인주시 부녀회는 지난 10일 '사랑의 반찬나눔' 행사를 진행했다. 이날 부녀회원 10여 명은 직접 만든 반찬과 떡을 정성껏 준비해 포장한 후, 마을에 경제적 상황이 어려운 50여 가구에 전달하였다. 인주시 부녀회는 2004년부터 매년 반찬나눔 행사를 진행해 오고 있다. 김미선 회장은 "어려운 지역주민들에게 따뜻한 마음을 전달할 수 있어서 기쁘고 앞으로도 소외된 이웃을 위해 봉사활동을 지속해서 펼쳐 나가겠다"고 말했다.

① 인주시 부녀회는 이번 반찬나눔 행사를 처음 진행했다.
② 이번 행사는 어려운 지역 주민 10명을 대상으로 이루어졌다.
③ 김미선 회장은 앞으로 반찬나눔 행사를 중단할 계획이라고 밝혔다.
④ 인주시 부녀회는 마을의 어려운 이웃들을 돕기 위해 행사를 열었다.

※ [13-14] 다음을 순서에 맞게 배열한 것을 고르십시오.

13. (가) 김장을 담그기 전에는 먼저 배추와 무를 소금에 절인다.
(나) 이렇게 정성껏 담근 김치는 겨울 내내 먹을 수 있다.
(다) 잘 절인 배추와 무에 고춧가루, 마늘, 생강 등을 섞은 양념을 넣는다.
(라) 김장은 추운 겨울 동안 먹을 음식을 미리 준비하는 한국의 오래된 전통이다.

① (가)-(나)-(다)-(라)
② (다)-(라)-(나)-(가)
③ (라)-(가)-(나)-(다)
④ (라)-(가)-(다)-(나)

14. (가) 외출 후에는 비누와 흐르는 물로 30초 이상 손을 씻는 습관이 필요하다.
(나) 개인위생 관리는 전염병 예방의 기본이자 중요한 첫걸음이다.
(다) 이러한 생활 습관을 실천하면 전염병을 효과적으로 예방할 수 있다.
(라) 또한 사람들이 많이 모이는 곳에서는 반드시 마스크를 착용해야 한다.

① (가)-(나)-(다)-(라)
② (나)-(가)-(라)-(다)
③ (나)-(라)-(가)-(다)
④ (다)-(나)-(라)-(가)

※ [15-16] (　　)에 들어갈 말로 가장 알맞은 것을 고르십시오.

15.

수소차는 수소를 연료로 사용하는 자동차로, 대기 오염을 줄이는 데 큰 역할을 한다. 기존 자동차는 연료를 태우면서 이산화탄소와 같은 해로운 배기가스를 내보낸다. 그러나 수소차는 수소와 산소가 반응해 전기를 만들며 물만 배출한다. 이러한 특성 덕분에 (　　　) 사람들이 수소차를 선호하는 경향이 있다.

① 경제성을 중시하는　　② 환경을 지키고자 하는
③ 고급 브랜드를 추구하는　　④ 최신 기술을 경험하려는

16.

알레르기 반응은 우리 몸의 면역 체계가 특정 물질에 과민하게 반응하면서 발생한다. 이러한 물질은 알레르겐이라고 하며, 먼지, 꽃가루, 특정 음식, 동물의 털 등 매우 다양한 형태로 존재한다. 알레르기를 예방하려면 (　　　) 물질과의 접촉을 최대한 줄이는 것이 중요하다.

① 쉽게 발견되는　　② 전혀 관련이 없는
③ 자극이 될 수 있는　　④ 자연적으로 발생하는

※ [17-18] 다음을 읽고 물음에 답하십시오.

비밀을 잘 지키지 못하고 쉽게 다른 사람에게 이야기하는 사람을 (　　　)이라고 부른다. 이러한 행동은 개인 간의 신뢰를 깨뜨릴 수 있을 뿐만 아니라, 사회적으로도 안 좋은 영향을 미칠 수 있다. 직장에서 중요한 정보를 외부에 누설하면 회사의 이익에 큰 손실을 줄 수 있고 사소한 소문이라도 확산되면 인간관계에 갈등을 일으킬 수도 있다. 따라서 개인적인 이야기를 다룰 때는 신중하게 행동하는 태도가 필요하다.

17. (　　　)에 들어갈 말로 가장 알맞은 것을 고르십시오.

① 귀가 얇은 사람　　② 입이 가벼운 사람
③ 말에 뼈가 있는 사람　　④ 말꼬리를 흐리는 사람

18. 이 글의 중심 생각을 고르십시오.

① 소문이 퍼지면 인간관계에 갈등이 생길 수 있다.
② 회사의 기밀을 누설하면 직장에서 신뢰를 잃게 된다.
③ 개인 간의 신뢰를 유지하는 데 비밀을 지키는 것은 중요하다.
④ 정보를 함부로 누설하는 것은 개인과 사회에 부정적인 영향을 미친다.

※ [19-21] 다음 신문 시가의 제목을 가장 잘 설명한 것을 고르십시오.

19.

이번 주 강추위와 함께 전국에 대설주의보 발령

① 이번 주에 한파가 몰아치고 폭설이 예상된다.
② 이번 주에는 기온이 내리며 길이 모두 얼어붙을 것으로 보인다.
③ 이번 주에는 기온이 점차 상승하며 겨울이 끝날 조짐을 보이고 있다.
④ 이번 주에는 따뜻한 날씨가 이어지며 전국적으로 맑은 하늘이 예상된다.

20.

국가대표팀, 극적인 승리로 결승 진출 확정

① 국가대표팀이 예선에서 탈락하며 조기 귀국을 결정했다.
② 국가대표팀이 마지막 순간에 역전하며 결승에 오르게 되었다.
③ 국가대표팀이 다음 경기에서 승리해야만 결승 진출이 가능하다.
④ 국가대표팀이 이번 경기를 무승부로 마치며 결승 진출에 실패했다.

21.

정부, 경기 침체에 활력을 불어넣기 위해 팔을 걷어붙이다

① 정부가 경기 침체를 이유로 세금을 대폭 인상했다.
② 정부가 경기 침체로 인해 모든 투자 계획을 중단했다.
③ 정부가 경기 침체를 방관하고 아무런 조치를 취하지 않았다.
④ 정부가 경기 침체를 해결하기 위해 적극적인 대응에 나섰다.

22. 다음 글의 ㉠과 ㉡에 알맞은 말을 각각 쓰시오.

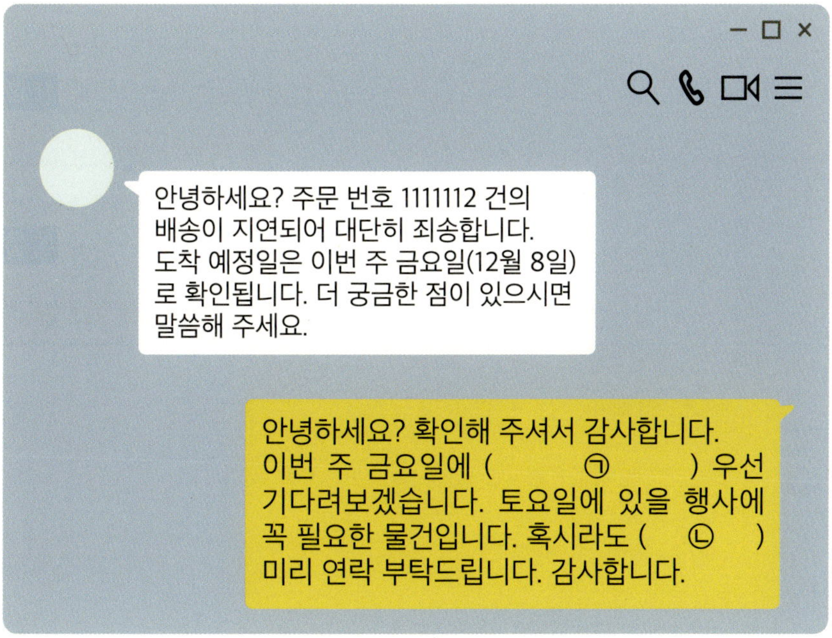

(㉠)

(㉡)

23. 다음 글의 ㉠과 ㉡에 알맞은 말을 각각 쓰시오.

> 규칙적인 수면 습관은 건강한 생활을 유지하는 데 매우 중요하다. 일정한 시간에 잠들고 일어나는 습관은 생체 리듬을 안정시킬 뿐만 아니라, 뇌 기능을 향상시켜 (㉠). 반면에 불규칙한 수면은 집중력을 떨어트리고 장기적으로는 심혈관 질환과 같은 건강 문제를 초래할 수 있다. 전문가들은 성인의 경우 매일 7~9시간의 수면을 권장한다. 따라서 바쁜 일상 속에서도 (㉡)이 필요하다.

(㉠)

(㉡)

종합 연습

24. 다음은 '초등학생의 사교육 참여'에 대한 자료이다. 이 내용을 200~300자의 글로 쓰시오. 단, 글의 제목은 쓰지 마시오.

초등학생 사교육 참여 조사 결과

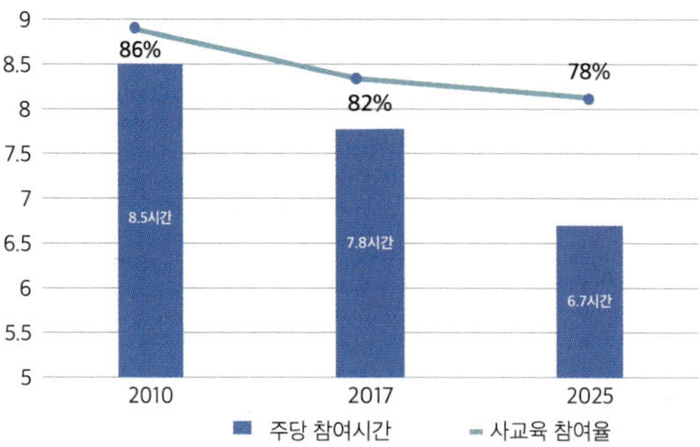

원인

방과 후 교실 확대
온라인 학습 콘텐츠 증가

전망

사교육 참여율 ↓ - 교육 격차 해소

부록

모범 답안

1과

■ 어휘와 표현

◎ 연결하세요.

배려	마음이 크게 움직여 감정을 느끼는 것
칭찬하다	다른 사람을 생각하여 신경 쓰는 마음
감동하다	다른 사람의 좋은 점에 대해 높이 평가하는 것

◎ 빈칸에 알맞은 표현을 채우세요.

1. 감사합니다　　2. 협조
3. 보답　　4. 세심하게

◎ 빈칸에 알맞은 표현을 채워 대화를 완성하세요.

1. 대단해요, 무사히, 다행이에요
2. 감동했어요, 기억하면, 진심으로

■ 문법1

◎ 문장을 만드세요.

1. 친구들과 재미있게 논 덕분에 시간 가는 줄을 몰랐어요
2. 일찍 출발한 덕분에 제시간에 도착했어요

◎ 대화를 만드세요.

1. 부모님께서 지원해주신 덕분에 / 부모님 덕분에
2. 가격이 저렴한 덕분에

◎ 다음 밑줄 친 부분에 가장 알맞은 것을 고르세요.

④

■ 문법2

◎ 문장을 만드세요.

1. 시계를 잘못 봐서 비행기를 놓칠 뻔했어요
2. 영화가 너무 감동적이어서 울 뻔했어요

◎ 대화를 만드세요.

1. 교통사고를 낼 뻔했네요
2. 시험을 못 볼 뻔했네요

◎ 다음 밑줄 친 부분에 가장 알맞은 것을 고르세요.

②

■ 대화

1. 감기에 심하게 걸려서 공부를 못 했습니다.
2. 이서준 선생님께서 쓰기 숙제를 세심하게 봐 주신 덕분입니다.

2과

■ 어휘와 표현

◎ 연결하세요.

억울하다	오해나 의심을 풀기 위해 사실이나 이유를 설명하는 것
해명하다	남의 말을 쉽게 믿고 영향을 받는 성격
귀가 얇다	자신의 잘못이 아닌데 오해를 받아서 마음이 답답하고 속상한 상태

◎ 빈칸에 알맞은 표현을 채우세요.

1. 퍼졌을까요　　2. 억울해요
3. 입이 가벼운　　4. 해명하세요

◎ 빈칸에 알맞은 표현을 채워 대화를 완성하세요.

1. 헛소문　　2. 과장되었어요

■ 문법1

◎ 문장을 만드세요.

1. 다카시 씨가 제주도는 뭐가 유명하냐요
2. 민수 씨가 다음 휴가 때는 고향에 갈 거래요

◎ 대화를 만드세요.

1. 별로래요
2. 제가 합격했대요 / 합격이래요

◎ 다음 밑줄 친 부분에 가장 알맞은 것을 고르세요.

②

■ 문법2

◎ 문장을 만드세요.

1. 링링 씨가 자기한테 한국어 문법을 가르쳐 달래요
2. 민수 씨가 시험이 끝나면 다 같이 놀러 가재요

◎ 대화를 만드세요.

1. 밥을 먹재요
2. 전화하지 말래

◎ 다음 밑줄 친 부분에 가장 알맞은 것을 고르세요.

③

■ 대화

1. 이서준 선생님께서 다른 학교로 이직하신다는 소문을 들었습니다.
2. 수업 후에 이서준 선생님께 여쭤보려고 합니다.

3과

■ 어휘와 표현

◎ 연결하세요.

일기예보	몹시 더운 날씨
잔뜩	매우 많이, 아주 가득하게
무더위	날씨가 어떻게 될 것인지 정보를 알려 주는 것

◎ 빈칸에 알맞은 표현을 채우세요.

1. 기온이 올라서 2. 쏟아져서
3. 태풍 4. 장마철

◎ 빈칸에 알맞은 표현을 채워 대화를 완성하세요.

1. 장마철, 기온 2. 내려가서

■ 문법1

◎ 문장을 만드세요.

1. 이것 좀 들어 주세요. 너무 무겁거든요
2. 퇴근길에 마트에 가야겠어요. 내일 손님이 오시거든요

◎ 대화를 만드세요.

1. 왔거든요. 2. 먹고 왔거든요.

◎ 다음 밑줄 친 부분에 가장 알맞은 것을 고르세요.

①

■ 문법2

◎ 문장을 만드세요.

1. 웃는 걸 보니까 좋은 일이 있나 봐요
2. 많이 못 먹는 걸 보니까 배가 아픈가 봐요

◎ 대화를 만드세요.

1. 열심히 공부하는 걸 보니까
2. 보는 걸 보니까

◎ 다음 밑줄 친 부분에 가장 알맞은 것을 고르세요.

③

■ 대화

1. 구름이 잔뜩 끼었습니다.
2. 더위가 심하지만 습도는 높지 않습니다.

4과

■ 어휘와 표현

◎ 연결하세요.

유익하다	어떤 활동이나 정보가 도움이 되다.
체험하다	힘차고 적극적으로 행동하거나 움직이다.
활발하게	직접 몸으로 경험하다.

◎ 빈칸에 알맞은 표현을 채우세요.

1. 감상하는 2. 문화생활
3. 야외 4. 관심이 있어요

◎ 빈칸에 알맞은 표현을 채워 대화를 완성하세요.

1. 꾸준히 2. 야외, 스트레스를 풀 수 있어서

■ 문법1

◎ 문장을 만드세요.

1. 새로 나온 휴대폰이 어떻던가요
2. 한국 음식이 입에 맞던가요

◎ 대화를 만드세요.

1. 대단하던데요 2. 아름답던가요, 예쁘던데요

◎ 다음 밑줄 친 부분에 가장 알맞은 것을 고르세요.

②

■ 문법2

◎ 문장을 만드세요.

1. 오랜만에 가는 가족 여행이니까 즐겁게 놀았으면 좋겠어요

모범 답안

2. 고향에 가서 엄마가 해주시는 음식을 실컷 먹었으면 좋겠어요

◎ **대화를 만드세요.**

1. 잘했으면 좋겠어요　　2. 좋았으면 좋겠어요

◎ **다음 밑줄 친 부분에 가장 알맞은 것을 고르세요.**

③

■ 대화

1. 전시회에 가거나 공연을 보러 갑니다.
2. 문화 체험 동호회에서 얻습니다.

5과

■ 어휘와 표현

◎ **연결하세요.**

훈련	작은 것에도 쉽게 두려워하고 무서워하다.
순하다	성격이나 행동이 착하고 부드럽다.
겁이 많다	동물에게 특정한 행동을 가르치고 익숙해지게 하다.

◎ **빈칸에 알맞은 표현을 채우세요.**

1. 키웠어요　　2. 돌봐
3. 수의사　　4. 짖어서

◎ **빈칸에 알맞은 표현을 채워 대화를 완성하세요.**

1. 반려동물, 키우고　　2. 먹이, 동물병원

■ 문법1

◎ **문장을 만드세요.**

1. 의사가 환자를 살려요
2. 어머니가 아기를 침대에 눕혀요

◎ **대화를 만드세요.**

1. 먹이는
2. 올려

◎ **다음 밑줄 친 부분에 가장 알맞은 것을 고르세요.**

③

■ 문법2

◎ **문장을 만드세요.**

1. 제가 휴지통을 비워요
2. 아빠가 아기의 손을 씻겨요

◎ **대화를 만드세요.**

1. 늦출게요　　2. 재웠어요

◎ **다음 밑줄 친 부분에 가장 알맞은 것을 고르세요.**

②

■ 대화

1. 식당에 오는 손님들한테 자꾸 짖습니다.
2. 수업 후에 강아지를 맡아서 돌봐주기로 했습니다.

6과

■ 어휘와 표현

◎ **연결하세요.**

모이다	매우 아름답고 눈부시게 빛나다.
화려하다	행사나 업무를 계획대로 계속해서 하다.
진행하다	여러 사람들이 어떤 장소로 오다.

◎ **빈칸에 알맞은 표현을 채우세요.**

1. 일정　　2. 열려요
3. 볼거리　　4. 마음껏

◎ **빈칸에 알맞은 표현을 채워 대화를 완성하세요.**

1. 일정　　2. 화려했어요

■ 문법1

◎ **문장을 만드세요.**

1. 민수 씨가 노래를 잘 못 부를 줄 알았는데 노래를 정말 잘하더라고요
2. 재미없을 줄 알았는데 재미있었어요

◎ **대화를 만드세요.**

1. 비가 올 줄 몰랐어요
2. 이렇게 빨리 간 줄 몰랐어요

◎ 다음 밑줄 친 부분에 가장 알맞은 것을 고르세요.

②

■ 문법2

◎ 문장을 만드세요.

1. 비가 오니까 행사를 취소할 수밖에 없어요
2. 급한 일이 생겨서 약속을 미룰 수밖에 없었어요

◎ 대화를 만드세요.

1. 피곤할 수밖에 없지요
2. 헤어질 수밖에 없었어요

◎ 다음 밑줄 친 부분에 가장 알맞은 것을 고르세요.

③

■ 대화

1. 불꽃 축제를 보러 갔습니다.
2. 공연을 보면서 축제를 즐기려고 합니다.

7과

■ 어휘와 표현

◎ 연결하세요.

적극적 •	• 어려운 일이나 상황을 이겨내다.
적응하다 •	• 새로운 환경에 익숙해져서 잘 맞다.
극복하다 •	• 대상에 대한 태도가 긍정적이고 능동적이다.

◎ 빈칸에 알맞은 표현을 채우세요.

1. 익숙해졌어요
2. 장학금을 받아요
3. 쌓았어요
4. 낯설게

◎ 빈칸에 알맞은 표현을 채워 대화를 완성하세요.

1. 문화 차이, 적응하기, 익숙해졌어요
2. 학비, 장학금을 받을 수 있대요

■ 문법1

◎ 문장을 만드세요.

1. 친구가 생일이래서 선물을 사 줬어요
2. 친구가 한국어 공부는 어떻내서 재미있다고 했어요

◎ 대화를 만드세요.

1. 발표 준비를 하재서
2. 제출하래서

◎ 다음 밑줄 친 부분에 가장 알맞은 것을 고르세요.

④

■ 문법2

◎ 문장을 만드세요.

1. 이번 시험이 아주 어려울 것이라니 걱정이 되네요
2. 내일부터 추워진다니 옷을 따뜻하게 입으세요

◎ 대화를 만드세요.

1. 제 발음이 좋다니
2. 비가 많이 온다니

◎ 다음 밑줄 친 부분에 가장 알맞은 것을 고르세요.

④

■ 대화

1. 처음에는 모든 것이 낯설어서 고향으로 돌아가고 싶었습니다.
2. 가끔 힘들 때도 있었지만 유학을 통해서 많은 것을 배워서 후회하지 않습니다.

8과

문화

◎ 질문에 대답하세요.

1. 부산 광안리 해수욕장, 해운대 해수욕장, 전주 한옥마을, 제주도 한라산
2. 진해 군항제, 진주 남강 유등축제, 부산국제영화제

◎ 다음 문제를 풀어 보세요.

1. ③	2. ②	3. ④	4. ①	5. ①
6. ④	7. ①	8. ④	9. ①	10. ②
11. ③	12. ②	13. ④	14. ④	15. ③
16. ①	17. ④	18. ③	19. ②	20. ④
21. ④	22. ④	23. ③	24. ①	25. ②
26. ③				

모범 답안

9과

■ 어휘와 표현

◎ 연결하세요.

옮기다	물건, 사람, 장소 등을 한 곳에서 다른 곳으로 이동시키다.
정리하다	어지럽거나 복잡한 상태를 질서 있게 만들다.
짐을 풀다	짐을 싸서 가지고 있던 것을 새로운 장소에 도착한 후에 가방이나 상자에서 꺼내다.

◎ 빈칸에 알맞은 표현을 채우세요.

1. 깔끔해요　　2. 관리비
3. 집들이　　4. 전입신고

◎ 빈칸에 알맞은 표현을 채워 대화를 완성하세요.

1. 정리하려고　　2. 월세, 보증금

■ 문법1

◎ 문장을 만드세요.

1. 두 사람이 헤어졌다가 다시 사귄대요
2. 우유가 상한 줄 모르고 마셨다가 배탈이 났어요

◎ 대화를 만드세요.

1. 입었다가
2. 껐다가

◎ 다음 밑줄 친 부분에 가장 알맞은 것을 고르세요.

②

■ 문법2

◎ 문장을 만드세요.

1. 한국에서 살다 보면 한국문화를 알게 될 거예요
   한국에서 살다 보니까 한국문화를 알게 됐어요
2. 열심히 노력하다 보면 좋은 결과를 얻게 될 거예요
   열심히 노력하다 보니까 좋은 결과를 얻게 되었어요

◎ 대화를 만드세요.

1. 하다 보니까, 하다 보면
2. 사귀다 보면

◎ 다음 밑줄 친 부분에 가장 알맞은 것을 고르세요.

③

■ 대화

1. 지금은 월세를 내고 있는데 전세로 바꾸고 싶어서 이사를 합니다.
2. 새로운 집에서는 정리도 잘하고 깔끔하게 지내고 싶습니다.

10과

■ 어휘와 표현

◎ 연결하세요.

구독하다	정기적으로 발행되는 글이나 영상 등을 지속적으로 보기 위해 신청하다.
세련되다	외모, 말투, 행동 등이 우아하고 고급스럽다.
만족스럽다	기대나 필요가 충분히 마음에 들다.

◎ 빈칸에 알맞은 표현을 채우세요.

1. 후기　　2. 여유가 있어요
3. 연주회　　4. 맛집 탐방

◎ 빈칸에 알맞은 표현을 채워 대화를 완성하세요.

1. 구독하고　　2. 삶의 질, 풍요로워졌어요

■ 문법1

◎ 문장을 만드세요.

1. 감기에 걸릴까 봐 옷을 두껍게 입었어요
2. 넘어질까 봐 운동화를 신었어요

◎ 대화를 만드세요.

1. 졸릴까 봐
2. 비가 올까 봐

◎ 다음 밑줄 친 부분에 가장 알맞은 것을 고르세요.

②

■ 문법2

◎ 문장을 만드세요.

1. 잊을래야 잊을 수가 없어요

2. 갈래야 갈 수가 없네요

◎ **대화를 만드세요.**

1. 안 웃을래야 안 웃을 수가 없어요
2. 잊을래야 잊을 수 없는

◎ **다음 밑줄 친 부분에 가장 알맞은 것을 고르세요.**

④

■ 대화

1. 맛집 탐방을 다니고 있습니다.
2. 영화 구독 서비스를 추천했습니다.

11과

■ 어휘와 표현

◎ **연결하세요.**

인정하다

오해하다

무시하다

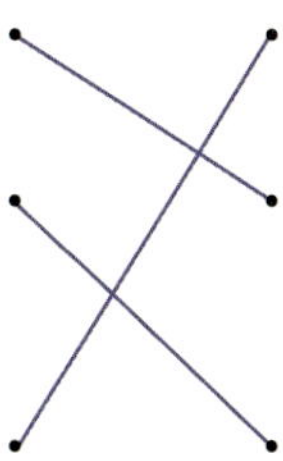

다른 사람이나 상황을 중요하게 생각하지 않다.

사실이나 가치, 능력 등을 받아들이고 그것이 맞다고 생각하다.

어떤 말이나 상황에 대해 잘못 이해하다.

◎ **빈칸에 알맞은 표현을 채우세요.**

1. 다문화 사회　　2. 전통적
3. 존중해야　　4. 당황해서

◎ **빈칸에 알맞은 표현을 채워 대화를 완성하세요.**

1. 다문화 사회　　2. 독특한

■ 문법1

◎ **문장을 만드세요.**

1. 수업이 재미있는 모양이에요
2. 좋은 일이 있는 모양이에요

◎ **대화를 만드세요.**

1. 바쁜 모양이에요
2. 안 좋은 일이 있는 모양이에요

◎ **다음 밑줄 친 부분에 가장 알맞은 것을 고르세요.**

③

■ 문법2

◎ **문장을 만드세요.**

1. 이 노래는 들을수록 기분이 좋아져요
2. 한국어 공부는 할수록 더 재미있어져요.

◎ **대화를 만드세요.**

1. 읽으면 읽을수록 재미있어요
2. 친하면 친할수록 말조심을 해야 해요

◎ **다음 밑줄 친 부분에 가장 알맞은 것을 고르세요.**

②

■ 대화

1. 처음 만났을 때 몇 살인지 물어봤는데 친구가 불편해했습니다.
2. 다른 문화권의 사람이라면 오해를 할 수 있다고 했습니다.

12과

■ 어휘와 표현

◎ **연결하세요.**

서투르다

교대하다

보람을 느끼다

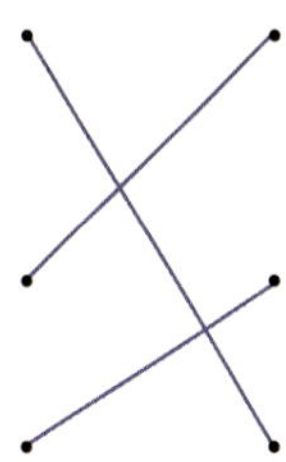

일정 시간이나 순서를 정해 서로 번갈아 가며 일을 맡아서 하다.

어떤 일을 한 후에 얻은 좋은 결과로 만족스럽다.

익숙하지 않아서 잘하지 못하고 능력이 부족하다.

◎ **빈칸에 알맞은 표현을 채우세요.**

1. 채용한대요　　2. 한꺼번에
3. 최저 임금　　4. 책임감이 있는

◎ **빈칸에 알맞은 표현을 채워 대화를 완성하세요.**

1. 보람을 느껴요　　2. 안정적

■ 문법1

◎ **문장을 만드세요.**

1. 이 노래는 제가 어렸을 때 많이 듣던 노래예요.
2. 이 사람은 제가 고등학생 때 친하게 지내던 친구예요.

◎ **대화를 만드세요.**

1. 왔던

모범 답안

2. 만났던

◎ **다음 밑줄 친 부분에 가장 알맞은 것을 고르세요.**

②

■ 문법2

◎ **문장을 만드세요.**

1. 나가려던 참이었는데
2. 말하려던 참이었는데

◎ **대화를 만드세요.**

1. 퇴근하려던 참이었어요
2. 샤워를 하려던 참인데요

◎ **다음 밑줄 친 부분에 가장 알맞은 것을 고르세요.**

③

■ 대화

1. 편의점에서 아르바이트를 하고 있습니다.
2. 손님들이 한꺼번에 많이 올 때 당황해서 어떻게 해야 할지 모르겠다고 합니다.

13과

■ 어휘와 표현

◎ **연결하세요.**

재능 •	• 어떤 결정을 내리기 전에 고민하다.
망설이다 •	• 자신의 의지나 자연스러운 흐름과는 반대로 강제로
억지로 •	• 특정 분야에 가진 뛰어난 능력이나 소질

◎ **빈칸에 알맞은 표현을 채우세요.**

1. 저마다 2. 마음먹고
3. 해냈습니다 4. 사회 진출

◎ **빈칸에 알맞은 표현을 채워 대화를 완성하세요.**

1. 목표를 세우는 2. 억지로

■ 문법1

◎ **문장을 만드세요.**

1. 영화를 누구하고 볼지 고민이에요
2. 대학원에 갈지 말지 고민이에요

◎ **대화를 만드세요.**

1. 갈지 말지 고민하고 있어요
2. 진학할지 고민이에요

◎ **다음 밑줄 친 부분과 바꾸어 쓸 수 있는 것을 고르십시오.**

①

■ 문법2

◎ **문장을 만드세요.**

1. 먹어 버렸어요
2. 자 버렸어요

◎ **대화를 만드세요.**

1. 다 읽어 버렸어요
2. 가 버렸어요

◎ **다음 밑줄 친 부분에 가장 알맞은 것을 고르세요.**

②

■ 대화

1. 미용 쪽의 공부를 더 할지 고향에 돌아가서 취직을 할지 고민하고 있습니다.
2. 두 가지를 다 할 수 있는 방법(한국에서 미용 관련 회사에 취직)을 추천했습니다.

14과

■ 어휘와 표현

◎ **연결하세요.**

설레다 •	• 마음이 두근거리며 기대감을 느끼다.
반성하다 •	• 기대에 미치지 못하거나 원하는 대로 되지 않아서 부족함이나 후회를 느끼다.
아쉽다 •	• 자신의 잘못이나 행동을 되돌아보고 고치려고 생각하다.

◎ **빈칸에 알맞은 표현을 채우세요.**

1. 어느덧 2. 달성했어요

3. 유난히 4. 간절한

◎ 빈칸에 알맞은 표현을 채워 대화를 완성하세요.

1. 소원을 빌어야겠네요 2. 극복했어요

■ 문법1

◎ 문장을 만드세요.

1. 같이 가면 좋을 텐데 아쉽네요
2. 상자가 무거울 텐데 도와 드릴까요?

◎ 대화를 만드세요.

1. 매운 음식을 못 먹을 텐데
2. 공부하면 어려울 텐데

◎ 다음 밑줄 친 부분에 가장 알맞은 것을 고르세요.

③

■ 문법2

◎ 문장을 만드세요.

1. 비가 오는 바람에
2. 상한 음식을 먹는 바람에

◎ 대화를 만드세요.

1. 문을 닫는 바람에
2. 비가 오는 바람에

◎ 다음 밑줄 친 부분에 가장 알맞은 것을 고르세요.

③

■ 대화

1. 내 집 마련을 하고 싶었습니다.
2. 시간 관리에 더 신경을 써야겠다고 했습니다.

15과

문화

◎ 질문에 대답하세요.

1. 동전: 10원, 50원, 100원, 500원, 지폐: 1,000원, 5,000원, 10,000원, 50,000원
2. 1,000원짜리에는 퇴계 이황이 있고 5,000원 짜리에는 율곡 이이가 있으며 10,000원짜리 지폐에는 세종대왕의 초상이 그려져 있습니다. 50,000원짜리 지폐에는 신사임당이 담겨 있습니다.

◎ 다음 문제를 풀어 보세요.

1. ④	2. ①	3. ②	4. ③	5. ④
6. ①	7. ④	8. ①	9. ②	10. ②
11. ③	12. ④	13. ③	14. ②	15. ①
16. ③	17. ④	18. ④	19. ③	20. ④
21. ②	22. ④	23. ③	24. ④	25. ②
26. ④				

16과

■ 종합 연습

◎ 다음 문제를 풀어 보세요.

1. ②	2. ①	3. ④	4. ③	5. ④
6. ②	7. ①	8. ④	9. ②	10. ②
11. ①	12. ④	13. ④	14. ②	15. ②
16. ③	17. ②	18. ④	19. ①	20. ②
21. ④				

22.
㉠ 배송된다니, 도착한다니
㉡ 배송이 더 지연될 경우에는, 배송이 더 늦어진다면

23.
㉠ 집중력을 높여준다
㉡ 규칙적인 수면 습관을 유지하려는 노력

24. 초등학생 사교육 참여 조사 결과를 살펴보면, 2010년 주당 참여시간이 8.5시간에서 2017년에는 7.8시간, 2025년에는 6.7시간으로 꾸준히 감소하였다. 사교육 참여율도 2010년에는 86%였는데 2017년에는 82%, 2025년에는 78%로 지속적으로 낮아졌다. 이러한 변화의 요인은 먼저 각 학교에서 방과 후 교실의 운영이 확대되었기 때문이다. 또한 온라인으로 학습할 수 있는 콘텐츠가 많아진 것도 영향을 미쳤다. 사교육 참여율 감소가 지속되는 상황에서 앞으로 교육 격차가 점차 해소될 것으로 전망된다.(287자)

어휘 색인

문법 색인

집필

진정란
사이버한국외국어대학교 한국어학부 교수

이민우
사이버한국외국어대학교 한국어학부 교수

노채환
사이버한국외국어대학교 한국어학부 교수

송은정
사이버한국외국어대학교 한국어학부 교수

허원진
사이버한국외국어대학교 한국어학부 겸임교수

허은혜
사이버한국외국어대학교 한국어학부 강사

안유진
파리시테대학교 한국학과 전임강사

정민수
한국외국어대학교 한국어문화교육원 강사

중급 한국어 ❷

초판 1쇄 발행 2026년 1월 1일

지은이 사이버한국외국어대학교 한국어학부
펴낸이 박영호, 박민우
기획팀 송인성, 김선명, 김선호
편집팀 박우진, 김영주, 김정아, 최미라, 전혜련, 박미나
관리팀 임선희, 정철호, 김성언, 권주련
펴낸곳 (주)도서출판 하우

주소 서울시 중랑구 망우로68길 48
전화 (02)922-7090
팩스 (02)922-7092
홈페이지 http://www.hawoo.co.kr
e-mail hawoo@hawoo.co.kr
등록번호 제2016-000017호

값 25,000원
ISBN 979-11-6748-278-5 14710
ISBN 979-11-6748-274-7 (set)